宇都宮伝統文化連絡協議会［編・著］

うつのみやの伝統文化

随想舎

はじめに

私たちのふるさと宇都宮市には、古くから受け継がれてきた多くの祭りや行事、民俗芸能、伝統工芸や伝統料理、そして民話など、先人の残した地域性豊かな文化が息づいています。これらの伝統文化をしっかり守り、伝え、ひいては家庭や地域の絆を深め、豊かな地域社会の実現をめざして、平成二十年三月、宇都宮伝統文化連絡協議会を設立しました。以来、本協議会では今日まで、伝統文化の保存、継承に直接関わる団体、個人会員と、これを支援する法人、個人会員が一致協力し、また宇都宮市教育委員会を始めとして、多くの関係者の皆様の御支援をいただきながら、幅広い活動を展開しています。

活動内容としましては、それぞれの団体が年間を通じて各地域に伝えられている伝統文化を、定例的に実演、発表する一方で、秋には年一回、本協議会の主催により市内中心部で伝統文化を一堂に紹介する「宇都宮伝統文化フェスティバル」を開催しています。また、会員が講師となって市民向けに「ふるさと料理講座」や「宇都宮の伝統文化講座」「宮の祭り見学会」「うつのみや民話の集い」も行っています。さらには、次世代の子どもたちに伝統文化に親しみ、ふるさとに愛着を持ってもらうため、小中学校に出向いて「宮っ子伝統文化体験教室」を開いています。

平成二十五年に「和食」が、同二十八年には「山・鉾・屋台行事」がユネスコ無形文化遺産に登録されるなど、長年各地域において伝承されてきた郷土料理や祭り、行事などの日常生活に根ざした文化遺産が見直されつつあります。また、平成三十二年の東京オリンピック・パラリンピックの開催を見据え、日本固有の伝統文化がクローズアップされつつあります。

本協議会では設立から十年目に当たるこの機会に、改めて私たちが取り組んでいる伝統文化の価値、素晴らしさについて、多くの皆様に御理解、御支援をいただくため、このたび本書を発刊することとしました。その内容は身近な伝統文化として、祭りと信仰行事を始め、民俗芸能、伝統工芸、民話、年中行事、伝統料理、民家と石蔵を取り上げました。執筆はすべて会員が分担し、リアルな写真、分かりやすい内容の掲載を心がけました。

伝統文化をこれからも、しっかり守り伝えていくためには、伝統文化を担う人々が意気に燃え、一体となって取り組むことが重要ですが、同時に伝統文化に触れ、参加し、支援する人々の存在も今不可欠となっています。このため読者の皆様には本書を通じて、宇都宮市内に保存、継承されている多くの伝統文化について御理解いただくとともに、本書を片手に祭りや行事、芸能、民話、民家などの地を、直接訪ねていただければ幸いです。

結びに本書の発刊に当たり、資料や写真を提供して下さった宇都宮市教育委員会文化課の皆様、市民の皆様、また発刊に便宜をいただいた有限会社随想舍の卯木伸男社長、下田太郎さんに、心から感謝申し上げます。

平成三十年二月

宇都宮伝統文化連絡協議会
会長　池田貞夫

うつのみやの伝統文化

目次

第一章 祭りと行事

第二章 民俗芸能

第三章 伝統工芸

第四章 民話

第五章 年中行事

第六章 伝統料理

第七章 民家と石蔵

〈地区別の主な伝統文化〉

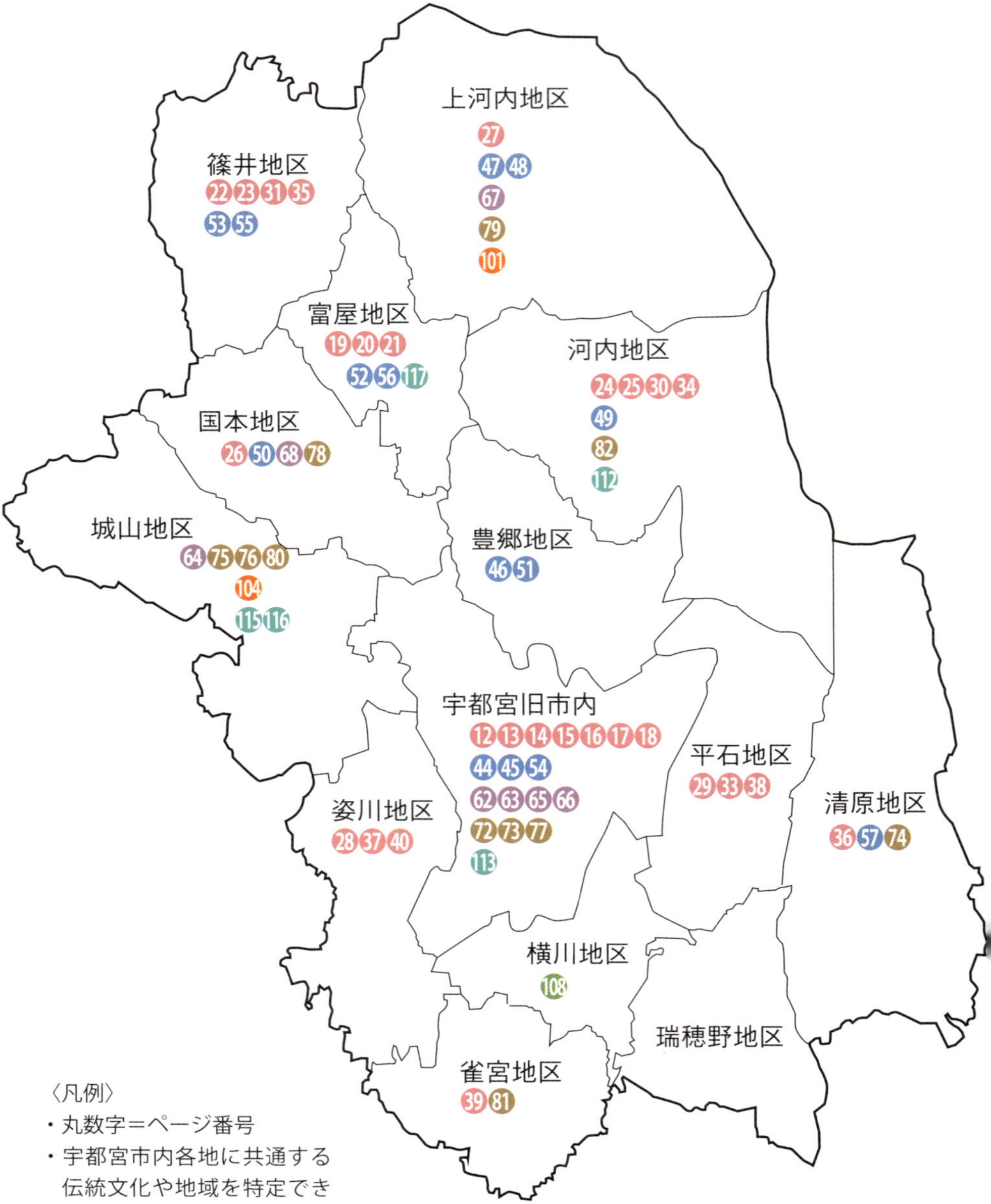

〈凡例〉

- 丸数字＝ページ番号
- 宇都宮市内各地に共通する伝統文化や地域を特定できないものについては、地区表示をしていない

第一章 祭りと行事

概論

祭りとは、神様を招き迎え供物などを捧げてもてなし、願い事を聞いていただく集団の行事をいいます。家々の年中行事から、集落で祭る神社の祭りなど各種のものが存在しますが、集団の生命力の更新をはかって繰り返し行われるという点で一貫したものを持っています。ここでは集落で祭る神社の祭りを取り上げることとします。

ところで、祭りは、本祭りと付け祭りとに分けることができます。本祭りとは、神主が中心となって行われる神事をいい、祭礼とか例祭ともいいます。一方、付け祭りは、本祭りに付け足したものであり、本祭りに加わらない氏子による山車や屋台、梵天等の奉納をいいます。なお、付け祭りを行事という場合があり、また、天祭や天念仏についても行事という場合があります。

宇都宮市における祭りでは、宇都宮二荒山神社の春と冬のオタリヤ・田舞祭・茅の輪くぐり・菊水祭、あるいは宇都宮二荒山神社の境内にある須賀神社の天王祭、今泉町の八坂神社の天王祭、石那田八坂神社の屋台奉納、徳次郎智賀都神社の屋台奉納、今里羽黒山神社の梵天祭り、平出雷電神社の梵天祭り等がよく知られています。宇都宮二荒山神社は、平安時代の延喜式神明帳に記載され、中世には宇都宮氏の庇護《ひご》を受け、江戸時代には神領一五〇〇石を有し、明治期には国幣中社になる等歴史の古さと格式を持った神社です。季節ごとに催される祭りは、歴史の古さと格式の高さを伝える宇都宮二荒山神社ならではの祭りといえましょう。

天王祭は、八坂・須賀・八雲等と称する神社の祭りです。本来、疫病退散に霊験のある牛頭天王《ごずてんのう》の祭りで、疫病が流行る真夏を前にして行われます。なお、明治期の神仏分離で牛頭天王は素戔嗚尊《すさのおのみこと》に置き換えられ、天王社とか祇園社の名から八坂神社・須賀神社・八雲神社等へと神社名も変わりました。

市内には大杉様とかアンバ様等と称する祭りも各地で行われています。ご本社は茨城県稲敷市阿波《あば》の大杉神社で、多くは江戸時代後期から明治期にかけて神霊を勧請《かんじょう》し祭ったものです。天王祭同様に疫病退散を願うもので、各家々を神輿が回るものです。また、この時にお囃子が付く場合もあり、このお囃子を大杉囃子といっています。

梵天祭りの梵天とは、神様を招き寄せる目印であり、栃木県内では孟宗竹《もうそうちく》の先に細長く切った紙や檜《ひのき》のカンナ削りを結び束ねたものを用いる所が多いようです。

天祭や天念仏は、もともと同種の行事で、原始的な太陽等の信仰に基づくものです。春先や盆の前後に風雨順調・五穀豊穣等を祈り三日三晩行ったもので、宇都宮辺りでは江戸時代後期から明治・大正期にかけて盛んに行われ、彫刻を施した天棚を用いたところに特色があります。

宇都宮二荒山神社の冬渡祭・春渡祭

宇都宮二荒山神社では、毎年一月十五日と十二月十五日の両日、夕方から夜にかけて祭りが行われています。一月の祭りは春渡祭、十二月は冬渡祭と書き、どちらも「オタリヤ」と読んでいます。

祭りは午後五時半頃からの神輿《みこし》の渡御《とぎょ》から始まります。本殿前に置かれた神輿が、表参道の階段を下りてバンバ通り東の宇都宮パルコの脇にある下之宮へと向かい、ここで神事を行い、次いで田楽舞《でんがくまい》が奉納されます。その後、神輿の渡御を知らせる触れ太鼓を先頭に、神職、紋付羽織袴の氏子総代、背中に大きな御幣《ごへい》を立てた神馬、田楽舞の舞手、笙《しょう》・篳篥《ひちりき》を持った楽人、天狗の面を被り高下駄を履いて鉾を持った猿田彦、神職、神輿、各町内の名入りの高張提灯《たかはりちょうちん》などが夜の街中を練り歩きます。

また境内に設けられたお焚き上げ所では、冬渡祭にはお札や達磨《だるま》などの縁起物を、春渡祭には正月の松飾りや注連飾りを持ち寄って焚き上げてもらいます。この火に手をかざすと、風邪をひかないといわれています。なおこの日には風呂を焚かない、針仕事を休む、火を断ち前日のうちに調理したものを食べるなどの禁忌《きんき》もありました。かつて二荒山神社の祭神を現在地に移す儀式が夜間に行われ、これを「渡り夜」とよんでおり、それが訛って「オタリヤ」になったといわれています。

宇都宮二荒山神社の菊水祭

菊水祭は毎年、例祭である秋山祭（十月二十一日）に続いて、十月最終土曜日、日曜日に行われている祭礼です。行事は「本社祭」と呼ばれる祭典と「流鏑馬《やぶさめ》」「鳳輦《ほうれん》の渡御」があります。本社祭は八時半頃から本殿において、神職や氏子総代らが参列し神事が行われます。初日は杉の葉を、二日目は菊を供えます。午前九時に石段下で出御祭が行われた後、流鏑馬が始まり、馬に乗った武者姿の射手が馳せながら鏑矢《かぶらや》で的を射ります。射手は一の馬から四の馬まで、四名で行います。なお、流鏑馬は鳳輦帰還後、もう一度行われます。

流鏑馬が終わると、いよいよ御祭神の乗った鳳輦が宇都宮の町中を渡御します。渡御行列は触れ太鼓を先頭に、旗や案内人、神職、氏子総代、奉仕員、神祇《じんぎ》五ヵ町、錦旗、毛槍、御神馬、楽太鼓、伶人、鉾・弓、乗馬神職、鳳輦、流鏑馬、囃子方など、総勢百名を超えます。神社を中心に東を下町、西を上町に分け、両町を一日ずつ回ります。氏子町では会所を設け、御祭神をお迎えして、神職からお祓いと菊水祭祈願神札を受けます。

かつてはこうした祭礼渡御行列の後に、各氏子町が山車・屋台、練り物を出し、二荒山神社に繰り込みました。山車・屋台等の巡行は「付け祭り」とも言われ、江戸中期に始まり昭和期（戦前）まで続きました。

菊水祭と山車・屋台

延宝元（一六七三）年にはじまった山車・屋台の巡行は、江戸期から、明治、大正、昭和期（戦前）に至るまで、各氏子町が趣向を凝らした山車や華麗な屋台、練り物を繰り出し、町中で手踊り狂言を上演し、そのにぎわいは、江戸の天下祭りと肩を並べるほどであったと言います。特に、隆盛を極めた弘化四（一八四七）年には、三十九の祭礼町から山車・屋台など八一種の出し物が出ました。

ところが、町中にあった山車・屋台は、やがて周辺地域へ譲渡されたり、戦時中の空襲で焼失したりして、戦後付け祭りは廃《すた》れました。わずかに残ったものが、数年おきに菊水祭で鳳輦のお供をする程度でした。近年、市内有志グループによって、平成二十六年に新石町火焔太鼓山車が、同二十八年に南新町桃太郎山車が復元され、八十年ぶりに山車・屋台の本格巡行が復活しています。

現在町中には、江戸期のものが三台（伝馬町屋台、蓬莱町《ほうらいちょう》屋台、新石町山車）、明治期が三台（本郷町山車、南新町山車、大黒町花屋台）、昭和期（戦後）が二台（大工町屋台、上四条屋台）あります。このうち、伝馬町屋台は嘉永五（一八五二）年に建造された、極彩色の豪華な彫刻屋台で、栃木県指定文化財に、また蓬莱町屋台および本郷町山車は宇都宮市指定文化財になっています。

宇都宮二荒山神社の田舞祭と田楽舞

田舞《たまい》とは、五穀豊穣を祈念して行われた古代儀式舞踊の一つといいます。宇都宮二荒山神社では、鎌倉・室町時代、二十年ごとに行われた式年遷宮祭の折に田楽舞が奉納されましたが、室町末期に式年遷宮祭が途絶えてから田楽舞も次第に行われなくなってしまいました。現在の田楽舞は、文化年間（一八〇四～一七）に旅芸人が日光で演じたものを模倣し、それを二荒山神社の御神領であった堀米の六軒の農家に伝授させたものです。現在、宇都宮二荒山神社で行われている田舞祭は、その田楽舞を演じさせるために行うようになったものと思われます。

堀米の田楽舞は、六人によって演じられ、笛とササラを持つ二人と銅拍子《どうびょうし》、鞨鼓《かっこ》を持つ二人が向かい合い、中央にササラ、柄太鼓を持つ二人が歌と囃子にあわせ、前方に建てた橦木《とうぼく》と呼ばれる道具に交互に歩み寄っては足をかけるというものです。歌詞は「国も栄えて民も豊かに　治まる御代《みよ》の例《ためし》には　池の汀《みぎわ》に鶴と亀　萬代《よろずよ》までも限りなき　千代も経なまし姫小松　君の恵みぞありがたや」といった、めでたい文句を並べたものです。

田楽舞は五月十五日の田舞祭のほかに、一月十五日、十二月十五日のオタリヤでも演じられています。

宇都宮二荒山神社の茅の輪くぐり

宇都宮二荒山神社では、毎年六月と十二月の晦日《みそか》に、人々の罪や穢《けが》れを祓《はら》い清める大祓《おおはらえ》が行われます。この内六月の大祓を夏越《なごし》の祓と呼び、祖霊の祭りである盆に先だって罪、穢れを祓い清め、夏越が「和し」に通じるところから、疫病の流行る夏を無事乗り越えられるように行われるものです。なお、茅の輪くぐりは呪力を持つ茅の輪をくぐることによって、疫病から逃れようとするものです。

午後三時頃から境内に神職と参拝者が整列し、長さ二〇センチ程の茅の祓い串が手渡されます。続いて神官による祝詞奏上があり、全員が祓い串で身体を祓い清めます。その後祓い串と、当日参列できなかった人が事前に神社へ届けておいた形代《かたしろ》（紙片に人の形が描かれており、身体を拭って穢れを託したもの）が集められ、改めて神職が祓い清めます。なお形代は「形代流し」と称して、以前は田川に流しましたが、近年は境内でお焚き上げされています。

夏越の祓いが終わると、いよいよ茅《ち》の輪くぐりとなります。茅の輪くぐりは、楼門から拝殿に向かう参道上に設置された、直径二メートル程の茅《ちがや》を束ねて作った輪を「水無月《みなづき》の夏越の祓いする人は千歳《ちとせ》の命延ぶというなり」と歌を唱えながらくぐるものです。古来から茅は、災厄を除く呪術的な力をもつ植物とされてきたものです。

宇都宮二荒山神社の天王祭

　宇都宮二荒山神社には、境内社として須賀神社が祭られています。そのご祭神は、現在は素戔嗚尊《すさのおのみこと》となっていますが、明治期の神仏分離以前には牛頭天王《ごずてんのう》を祭っていたことから、ここでの祭りを、昔どおり天王様と呼んでいます。牛頭天王には疫病を鎮める神格があるとされており、疫病が流行る夏を前にして行われる祭りには、神輿を出すなど日本各地で盛大な行事が行われています。

　宇都宮二荒山神社でも、毎年七月十五日から二十日にかけ、須賀神社で天王様の祭りが行われています。祭りには、各町内の約四十基の子供神輿が神社に安置された親神輿に対面するという、親子対面の神事があります。子供神輿は暴れ神輿とも言われ、各町内から繰り出して市内を練り歩いた後、下之宮の仮殿前で親神輿との対面を終えると、かけ声とともに一気に神社の石段を駆け上がり、神門を抜けて社殿に向かいます。社殿に到着すると、担ぎ手たちはお祓いを受けて身を清め、裏参道から神輿と共に帰路につきます。

　この祭りの見所は、子供神輿を担いだ担ぎ手たちが、威勢の良いかけ声とともに参道の石段を駆け上がる迫力にあります。またこの祭りを迎えることで、夏が来たことを宮っ子たちは肌で感じ取ることができるのです。

今泉八坂神社の天王祭（今泉四丁目）

八坂神社の夏祭りは、「天王祭」とも呼ばれています。期間は例年、七月十五日から十九日です。十五日に「初日祭」、十七日に「中日祭」、十九日に「終日祭」を行います。神輿渡御については現在、期間中の日曜日に行われています。この神輿は、明治初期に旧大平町富田（現・栃木市）の礒辺儀兵衛の手によって作られたものです。昭和二十九年には神社周辺の区画整理や戦後の物不足による神輿の保全状態の悪化に伴い、一時、渡御を休止とせざるを得ませんでしたが、昭和五十六年に氏子有志の手により神輿を修復、神輿渡御も復活しました。なお、八坂神社の神輿に触ると、丈夫な子が育つといわれています。

また、八坂神社の夏祭り期間中に境内に飾られる「飾り物」は、宝暦年間（一七五一～六三）より毎年境内に飾られ、夏祭りの名物となっています。題材に特に決まったものはありませんが、神話や歴史を元に氏子中の手によって作られ奉納されます。現在は境内に飾るのみですが、本来、飾り物は、夏祭りの期間終了後に、人形を山車に乗せて氏子中を渡御し、最終的にお焚き上げするものでした。山車に飾り物を乗せ渡御することによって、氏子中の疫病など厄災を飾り物の人形に移し、それをお焚き上げすることによって、夏の災いが無いよう祓ったのです。

智賀都神社の夏祭り（徳次郎町）

徳次郎町六ヵ郷の守護神である智賀都《ちかつ》神社の夏祭りは、例大祭の付け祭りとして三年に一度（直近は平成二十八年）、七月最終土曜日（かつては八月一日）に行われる祭りで、目の覚めるような彫刻屋台六台が、境内に勢揃いします。前日は自町内を引き回す「宵祭り」、当日が神社に繰り込む「本祭り」です。付け祭りの起源は、江戸時代後期の安政年間（一八五四～五九）頃までさかのぼると言われ、五穀豊穣、家内安全、町内安全を願って行われます。

本祭り当日、屋台が出発するのは夕暮れ時からで、屋台本体の周囲に一二〇個もの提灯が灯され、威勢のよいお囃子の音が響き渡る中で、引き手の掛け声とともに力強く巡行します。行列は町印の提灯を掲げた高張《たかはり》提灯が先頭に立ち、続いて女児の手古舞、自治会長・世話人と続き、木頭《きがしら》、引き手、舵取り（若衆）が屋台の運行を担います。屋台の上でお囃子を演奏する囃子方は、巡行中、激しく笛を吹き、太鼓、鉦《かね》を鳴らします。一番西根屋台から六番中町屋台まで、六台の屋台が社前に揃ったところで、お囃子の競演「ぶっつけ」が行われ、祭りは最高潮に達します。かつて、若衆や囃子方は、その晩神前に一泊し、翌朝帰路に着きましたが、現在は午後十時頃になると、各町屋台は順次境内を出発し、各町会にもどり祭りを終えます。

智賀都神社の夏祭りと屋台（徳次郎町）

徳次郎町には、西根、田中、門前、上町、下町、中町の六町会に一台ずつ屋台があり、智賀都神社の夏祭りに繰り出されます。屋台の形式は唐破風《からはふ》屋根の館《やかた》造りで、車は四輪です。これらの屋台は、すべて江戸時代後期に造られた彫刻付きの屋台で、後藤周二正秀をはじめとして、下野国当代一流の彫刻師たちが腕を振るっています。

【一番　西根屋台】白木造り白木彫刻屋台。安政二（一八五五）年に地元民が建造。「唐獅子の子落とし」の彫刻が目を引きます。

【二番　田中屋台】漆塗り造り白木彫刻屋台。嘉永七（一八五四）年に地元民が建造。螺鈿《らでん》細工の柱、牡丹に七匹の唐獅子彫刻は圧巻。

【三番　門前屋台】白木造り白木彫刻屋台。江戸後期頃、地元民が建造。飛龍や唐獅子、麒麟、鷹や錦鶏《きんけい》など多彩な彫刻が見ものです。

【四番　上町屋台】黒漆塗り彩色彫刻屋台。文化五（一八〇八）年、鹿沼中田町で建造した物を、明治六（一八七三）年に当町で購入。彫刻師は後藤周二正秀です。

【五番　下町屋台】白木造り白木彫刻屋台。安政三（一八五六）年に地元民が建造。龍を基調とした厚みのある彫刻が特徴です。

【六番　中町屋台】黒漆塗り彩色彫刻屋台。天保七（一八三六）年に宇都宮新田町で建造した物を譲り受けたもので、桐に鳳凰の彫刻が見事です。

智賀都神社の冬渡祭
（徳次郎町）

智賀都神社の冬渡祭（オタリヤ）は、毎年十二月十四日に家内安全、無病息災を願って、境内でのお炊きあげと神輿の渡御が行われます。冬渡祭の由来は、その昔当社に一時祭られていた御神霊を、師走十四日の夜に二荒山神社の下之宮に移そうとした時、徳次郎の氏子たちが「おんじゃったりや」と叫び、これを迎えた宇都宮の氏子たちも同様の掛け声をかけたことから、オタリヤが生まれたという説があります。また夜に御神霊を移したことから、「渡り夜」が転化したとも言われています。なお御神霊が宇都宮に着いた時には、夜が明けていたことから、徳次郎は十四日、宇都宮は十五日になったとも伝えられています。

当日は夕刻六時から、注連縄が張られた境内で、お焚きあげが行われます。火が燃え上がると、集まってきた参詣人や地域の人たちが火に手をかざします。社殿では出御式が行われ、七時には総勢三〇人の役人《やくびと》によって、神輿の渡御が始まります。高張提灯を先頭に、触れ太鼓、氏子総代、神官、神輿の順で行列が進みます。神輿は六町会を一周（約八キロ）しますが、順路は上回りと下回りを一年交代で行います。各町会では会所を設けて火を焚き、御祭神をお迎えします。神輿が神社に帰還するのは、夜中の一〇時過ぎで、帰還後社殿を三周して行事を終えます。

八坂神社の天王祭（石那田町）

石那田八坂神社の天王祭は、四年に一度（直近は平成二十九年）、七月最終土曜日に当社の付け祭りとして行われます。神輿の渡御とともに、猿田彦などの練り物、華麗な彫刻屋台六台が勢揃いします。祭りは一週間前からはじまり、初日に御神霊を本殿から御《お》仮屋《かりや》に神輿に乗せて移す、「下遷《げせん》宮《ぐう》」が行われます。御仮屋では氏子らが毎晩灯明を灯し、御祭神を守ります。また祭り期間中は、日光街道沿いに設けた御仮屋が仮宮となり、参詣人でにぎわいます。

例祭日の前日は、町内ごとに屋台を引き回す「宵祭り」が行われ、翌日が「本祭り」となります。当日は夕暮れ時を待って、七町会の一番である仲内から高張提灯、猿田彦、獅子頭、子ども太夫などの練り物一行が、また二番桑原、三番六本木、四番原坪、五番岡坪、六番仲根、七番坊村からは、屋台が御仮屋に繰り込みます。

御仮屋に練り物および屋台が揃うと、午後九時頃から氏子総代らによる献撰《けんせん》の儀などの神事が厳かに行われます。神事が終わると、本殿に向かって神輿の行列が出発する「上遷宮《じょうせんぐう》」となり、神輿の後を屋台がお供します。道中、屋台の提灯の明かりが闇夜に浮かび、お囃子の音が近くの山々に響きます。山中の八坂神社本殿に到着後は、午後十一時頃再び神事が行われ、真夜中に帰路に着きます。

八坂神社の天王祭と屋台（石那田町）

石那田町には、桑原、六本木、原坪、岡坪、仲根、坊村の六町会に一台ずつ屋台があり、八坂神社の天王祭において、一番仲内の猿田彦などの練り物とともに繰り出され、二番以下が屋台となります。これらは、江戸時代後期から明治初期に造られた彫刻付きの屋台で、礒辺儀兵衛敬信ら下野国当代一流の彫刻師の作品です。

【二番　桑原屋台】白木造り白木彫刻屋台。明治九（一八七六）年に地元民が建造。鬼板の飛龍と魚龍、脇障子の菊の彫刻が目を引きます。

【三番　六本木屋台】黒漆《くろうるし》塗り彩色彫刻屋台。文政十一（一八二八）年に地元民が建造。唐獅子の親子を見ている図柄が見事です。

【四番　原坪屋台】黒漆塗り造り彩色彫刻屋台。江戸後期頃、地元民が建造。脇障子の菊、後方の龍虎の彫刻は迫力があります。

【五番　岡坪屋台】黒漆塗り白木彫刻屋台。文化六（一八〇九）年に、地元民が建造。ぼたんに鶏、障子回りの菊などが見所です。

【六番　仲根屋台】黒漆塗り彩色彫刻屋台。安政元（一八五四）年に地元民が建造。前方障子の竜虎の図柄は迫力満点です。

【七番　坊村屋台】黒漆塗り彩色彫刻屋台。嘉永元（一八四八）年に地元民が建造。龍や唐獅子などの彫刻が隙間なく施されています。

白髭神社の秋祭りと屋台（白沢町）

白沢町の屋台の巡行は、白髭《しらひげ》神社の例大祭の付け祭りとして、五年に一度（直近は平成三十年）、十一月初旬の土・日曜日に行われます。町内を彫刻屋台（宇都宮市指定文化財）二台が巡行し、鳥居前ではお囃子が奉納されます。前日は自町内を引き回す「宵祭り」、例大祭当日が神社に屋台を奉納する「本祭り」です。ちなみに付け祭りは、明治初期頃には行われていたようです。

屋台は白沢南と甲部に一台ずつ計二台あり、いずれも唐破風屋根の館造りで、四方八方に華麗な彫刻が付いた屋台です。白沢南屋台は、黒漆塗り彩色彫刻屋台で、文政三（一八二〇）年に鹿沼麻苧町《あさうちょう》で造られたものを、明治八（一八七五）年に譲り受けました。一方甲部屋台も同じく黒漆塗り彩彫刻色屋台で、天保四（一八三三）年年頃宇都宮で造られたものを譲り受けたと伝えられています。

屋台の巡行は、宵祭りが午後三時から午後九時頃まで、本祭りは午前九時から午後一時頃まで行われます。行列は高張提灯を先頭に、手古舞、町会役員、拍子木、引き手、舵《かじ》取り（若衆）、屋台の順で進みます。神社鳥居前では、宵祭りは午後八時頃、本祭りは正午頃、お囃子の競演である「ぶっつけ」がにぎやかに行われ、笛、太鼓、鉦の威勢のよい音が町内に響き渡ります。

西下ケ橋の彫刻屋台祭り（下ケ橋町）

西下ケ橋《にしさげはし》の彫刻屋台祭りは、六年に一度（次回は平成三十二年）、自治会を中心とする実行委員会によって、十一月最初の日曜日に行われます。地区内を彫刻屋台一台が巡行し、静かな田園にお囃子の音が響き渡ります。屋台の巡行は一日のみで、日中行われています。

西下ケ橋の屋台は、唐破風屋根の館造りで、黒漆塗りに錺《かざり》金具の付いた彩色彫刻屋台です。全体にやや小振りで、車が外輪という宇都宮系統に属する屋台です。造られた年代は屋台の形式や構造、彫刻の作風などから、江戸時代後期とされ、その後改造が加えられて現在の姿になったと考えられています。彫刻の見所は鬼板《おにいた》部分の飛龍や魚龍、前柱から水引《みずひき》にかけての葡萄《ぶどう》に栗鼠《りす》、側面障子の桜やばら、山鵲《さんじゃく》などで、屋根の棟にいるうさぎが目を引きます。

当日は午後一時から三時、同五時から七時の二回、地区全戸が参加して屋台の引き回しが行われます。高張提灯を先頭に、実行委員会三役、指揮官、手古舞、世話人などが練り歩き、拍子木、引き手（小中高校生、保護者）が屋台を運行し、囃子方がお囃子を演奏します。これに交通係や運搬係、連絡係などの関係者が付き、総勢は一五〇名、行列の長さは約六〇メートルにもなります。祭りが終わると、屋台をそのまま収蔵庫に納め、慰労会となります。

仁良塚大杉祭りと屋台（宝木本町）

宝木本町仁良塚《にらつか》には、彫刻屋台が一台あります。秋の大杉神社祭礼に合わせて引き出されるもので、国本地区の「くにもとまつり」でも披露されています。この屋台は、もともと天祭行事に使われてきた天棚を、大正十三（一九二四）年に造り替えたものです。天棚の部材や彫刻を活用し、唐破風屋根、館づくり形式の彫刻屋台に改造しました。以来、大杉神社の祭礼の際、神輿の渡御とともに屋台の巡行が行われてきたと言います。しかし、近年屋台の傷みがひどくなり、平成二十四年から自治会をあげて修復事業に取り組み、平成二十五年に事業が完了しました。その結果、屋台彫刻のシンボルである鬼板《おにいた》・懸魚《げぎょ》の飛龍をはじめ、牡丹《ぼたん》、唐獅子などの彫刻が色鮮やかによみがえり、車隠しには仁良塚村民の悲願であった「水」を表す「菊水の彫刻」も追加されました。

同年十一月には新装なった彫刻屋台を、子どもたちも参加して、同地区から「くにもとまつり」会場（国本地区市民センター）まで、引き出しました。平成二十九年十一月にも、四年ぶりに屋台の巡行が行われ、前回同様、同地区から「くにもとまつり」会場まで引き出されました。仁良塚自治会では、今後は三年間隔で彫刻屋台の巡行を計画しています。

羽黒山神社の梵天祭り（今里町）

今里町の羽黒山は、出羽三山の一つである羽黒山神社の神霊を勧請したもので、作神として近郷近在の人々から篤く信仰されています。

　祭礼は毎年十一月二十三日に行われ、十数本もの梵天が盛大に奉納されることから梵天祭りとも呼ばれています。梵天とは、梵語で「目立つ」という意味で、神様を招く目印です。羽黒山神社をはじめ栃木県内で作られる梵天の多くは、孟宗竹を二本、片方は根付のもので、これらを荒縄を巻き付けてつなぎ合わせて一本の竿にし、先端に昔は和紙や麻等、現在ではビニールテープ等を房状に取り付けたものです。羽黒山神社での梵天の奉納は、江戸時代の中頃に始められたといわれています。祭り当日は、揃いの半纏《はんてん》を着た各地の若者たちが梵天を引っ張り、時には大地に打ち付け、今里の宿内を行きつ戻りつした後に羽黒山頂に祭られる神社に向かい奉納します。奉納後、持参した餅を撒《ま》く風習があり、これを拾うのが参拝者にとっては楽しみともなっています。

　祭り当日、今里宿の道路沿いには、露店が軒を連ね、名物の柚子が販売され、また、上小倉等では、この日のために作った鮎のくされ鮨（一〇一頁参照）を食べる風習があります。

羽黒神社の梵天祭り（鶴田町）

鶴田町長峰の標高一五三メートルの羽黒山頂に、羽黒神社があります。御祭神は出羽の羽黒山神社と同じく農産物の守護神である倉稲魂命《うかのみたまのみこと》で、農民に福をもたらす神様としてこの地域一帯の人々から信仰され、秋には収穫に感謝する行事として梵天祭りが行われています。例祭日は古くは旧暦十月七日、現在は十一月二十三日です。

梵天は鶴田地区内の上坪、中坪、下坪から輪番制（三年に二度）で、また明保地区から、合わせて数本の梵天が奉納されます。この梵天は根付き孟宗竹一本と真竹を荒縄で縛ってつなぎ、先端にひも状の細いビニールテープ（かつてはかんぴょう、和紙）を房状に付けたもので、長さが約一五メートルあります。

当日は地区ごとに、揃いの法被、鉢巻、白足袋姿で身を包み、朝九時頃会所を出発します。道中、掛け声をかけながら、梵天に付けた短い縄を地面に叩きつけ、地区内を一巡します。午後一時半頃に社殿手前下の広場に到着し、午後二時頃から順次梵天を奉納します。担ぎ手の若衆らは鳥居前で、二度ほどゆっくりもんだ後、高低差一〇メートル余りの石段を、一気に駆け上がります。

社殿の前に着くと神主のお祓いを受け、梵天を納めます。梵天の奉納が終わると、社殿では参拝者に向かって祝いの餅などがまかれ、境内は大にぎわいを見せます。

雷電神社の梵天祭り（平出町）

平出町の雷電神社は、別雷《わけいかづち》之《の》大神《おおかみ》といわれる雷の神様を祭ったもので、通称「雷電様」と称され、雷がもたらす災害除けや降雨祈願に霊験あらたかとして、古くから宇都宮市東部一帯の人々から信仰されています。

祭りは四月第三日曜日の例祭と七月第四日曜日の夏の大祭とがあり、特に夏の大祭は、「梵天奉納神事」ともいわれ梵天の奉納で賑わいます。梵天は、地元平出町から大人用梵天二本、子供用梵天一本が奉納されます。梵天は、羽黒山神社等で奉納されるものと同じ形をしたもので、これらを大人たち、あるいは子どもたちがそれぞれ担ぎ、神社参道を勇壮に行きつ戻りつしながら奉納し、最後は神社境内の杉のご神木に縛りつけて終わりとなります。この日は、梵天上げの他にも子供神輿の奉納や和太鼓の演奏があり、雷様を祭る神社に相応《ふさわ》しく活力に満ちた一日となります。

神社は台地の東端に祭られ、以前は崖の下からは地下水が湧き出し霊泉として祭られていました。近郷の農家では日照りが続くと、「お水借り」と称して霊泉から水をもらい受け、各自の田んぼに注いで呼び水とする雨乞いの風習が見られました。近年は雷の季節を前にした六月になると、落雷除けを願う電気関係業者の参拝も見られます。

白髭神社の梵天祭り（白沢町）

白沢町の高台にある白髭神社は、当町の鎮守で、一説には慶長元（一五九六）年頃、近江国《おうみのくに》白髭神社の御分霊を勧請したと伝えられています。御祭神は猿田彦神で、長寿、農耕の守護神として信仰され、秋の例大祭（十一月第一日曜日）に梵天が奉納されます。

かつては氏子である白沢南、甲部の二集落から奉納されてきましたが、現在は白沢南集落と白沢子供育成会の手によって行われています。この梵天は根付き孟宗竹一本と別の孟宗竹を荒縄で縛ってつなぎ、先端にひも状の細いビニールテープを房状に付けたもので、長さが一五メートルほどあります。

当日は担ぎ手がそれぞれに揃いの法被《はっぴ》、鉢巻、白足袋姿で身を包みます。朝八時半頃白沢南公民館を出発し、約四時間かけて白沢町内を一巡します。道中、梵天を先導するのは、赤の法被に鉢巻、赤のたすき掛けをした四人の娘たちで、後方に若衆と子供梵天が続き、梵天を上下に激しくゆすりながら、地面に叩きつけて進みます。

一行は十二時半頃、鳥居をくぐって参道に入ると石段の前で往復二度梵天をもんだ後、若衆らがこれを担ぎ、八三段ある石段を一気に駆け登り、神前に拝礼して梵天を納めます。この日境内では、祭り囃子の演奏や梵天奉納を祝う餅まきも行われます。

榛名山神社の梵天あげ（篠井町）

篠井町には篠井連峰の一つ、榛《はる》名山《なさん》（標高五二四メートル）がそびえ、その山頂に榛名山神社があります。当社は旧石祠《せきし》に文化九（一八一二）年の年号が刻まれ、上州三山の榛名山の御神霊を迎えたと伝えられています。例祭日は元来旧暦四月一日で、この日に五穀豊穣、風雨防災、家内安全、災難防除を祈願して梵天が奉納されてきました。現在は四月第一日曜日に、上篠井、中篠井、下篠井の三集落の自治会長および代表者ら一二名によって、梵天が山頂まで担ぎ上げられています。梵天は孟宗竹と角棒を棕櫚縄《しゅろなわ》でつなぎ、先端に和紙と大麻で作った房（幣束）を付けたもので、長さは約八メートルあります。

梵天当番の人たちは、朝八時に中篠井にある東海寺に集まり、本堂で住職から御祈祷を受けた後、同寺を出発します。かつては担ぎ手であった若者らが、篠井地区全域を練り歩き、沿道では甘酒も振る舞われましたが、現在は直接山頂を目指します。

約一時間ほどで山頂に着くと、担ぎ上げた梵天を松の幹に縛り付け、神社（石祠）に奉納します。次に神前に奉納額、御神酒、お供え物、赤飯などを供えます。最後に登拝者一同で、「榛名山登礼礼拝文」を唱えながら、神社の周囲を右方向に七回巡り、礼拝して終了となります。

宇都宮市内の天祭行事と天棚

　天祭とは、天道祭、天念仏ともいわれ、月や太陽などの自然の神々に、五穀豊穣や風雨順調、村内安全などの諸祈願を行う行事です。もともとは、村の近くの山の頂上に臨時の棚を設け供物を供え、その後棚の周りをぐるぐる巡る祭りと考えられています。宇都宮市や近隣では、山ではなく村の神社やお堂の境内などに、天棚という彫刻屋台が二階建てになったようなものを用います。一階にはお囃子連が入り、二階部分には幣束と供物を供えて、身を清めた行人がお祈りをします。その後、二階の行人と下にいる村人との間で、「サンゲ、サンゲ、ロッコンショウジョウ……」と掛け合いをし、行人を先頭にして天棚の周りを一日三回、三日間ぐるぐる回ります。開催時期は、春から秋口まで色々ですが、盆中や二百十日辺りに行われるものが多くみられます。

　天祭は、関東地方を中心にして各地に存在しますが、二階建て彫刻屋台のような形は栃木県の特徴です。また、天棚にたくさんの彫刻が付いているのは宇都宮市の特徴です。宇都宮市内には、現在確認されているだけで六〇基以上の天棚がありますが、天祭を行っているところは極めて少なくなっています（写真は下荒針町の天祭の様子）。しかし、近年天祭を復活する動きも見られます。

下川岸の天道祭（石井町）

石井町下川岸の天道祭（天祭）は、五年に一度（次回は平成三十年）、自治会が主催し、五穀豊穣と子どもの健全な成長を祈って、七月下旬の土・日・月曜日の三日間、地元公民館の前庭で行われます。江戸後期から続く祭りで、二階建ての天棚を組み立て、その周囲をお囃子の音に合わせ、地域の人たちが、唱えごとを言いながら回ります。

天祭初日は、午前中に天棚を組み上げ、十一時頃に神主の祝詞があげられ、正午と午後六時にゴリコウ（御来迎《ごらいごう》）を行います。ゴリコウは行人（オンギョウサマ）が天棚の日天・月天に向かい、「サンゲ、サンゲ、ロッコンショウジョウ」などと唱えます。その後、行人が先導して、地域の人たちや子どもを天車（肩車）した人たちが「ゴリコウ、ゴリコウ」と言いながら、天棚の周りを十二回まわります。二日目の中日にも、午前八時、正午、午後六時にゴリコウを行います。三日目は午前八時に最後のゴリコウを行い、天棚を解体して祭りを終えます。なお、直会《なおらい》は中日の正午過ぎに行います。

この祭りで組み立てられる天棚は、天保二（一八三一）年に造られた総二階型白木造り白木彫刻天棚です。二階鬼板《おにいた》は波に飛龍、懸《げ》魚《ぎょ》は菊に鳳凰、琵琶板《びわいた》は椿に麒麟《きりん》の彫刻が施され、左右の向拝柱《ごはいばしら》には、模様が彫り込まれています。

東下ケ橋の天祭（下ケ橋町）

天祭の舞台となる突き出し型の天棚は、慶応二（一八六六）年に完成した県内でも最大級のもので、市の文化財に指定されており、組み建てられた状態で格納され、保存状態も良いものです。礒辺儀兵衛敬信と野村幸吉による天棚には全面におびただしい彫刻があり、特に一階正面内障子の「玉堂富貴《ぎょくどうふうき》の図」を始めとする淡く彩色された白木彫刻は、栃木県で発達し全国に類を見ないとされる独特なもので、彫刻の数量、種類、重厚さとも群を抜いた見事なものです。

従来七夕から二百十日を中心に五年毎に三日三晩かけて行われた祭りは、昭和二十七年以降しばらく途絶えていましたが、平成二十八年七月に三年ごとの一日間の祭りとして六四年ぶりに復活しました。

祭神は日天（太陽）と月天（月）。川での水行を経て天棚二階に上がったオンギョウサマと呼ばれる五人の白装束姿の行人の先導により、天棚の周囲のサラシ半纏姿の若衆とこれに続く村人たちが「帰命頂礼《きみょうちょうらい》　サンゲサンゲ六根《ろっこん》清浄《しょうじょう》……」と願文を合唱後、天祭囃子に乗って梵天を振りながら「ゴウライゴウ・ゴウライゴウ」と唱えて駆け回る千度ガケにより「風雨順調、五穀豊穣等」を祈ります。行道の合間には、訪問者との間に褒め言葉と返し言葉が交わされ、来客には地元の名物料理「どじょう汁」が振る舞われます。

下小池の天祭（下小池町）

下小池町の天祭は、かつて三日間行われてきた日程を二日間に短縮し、行事内容を簡素化しながらも、今なお五年間隔（直近は平成二八年）で行事が続けられています。盆中の八月十五日、十六日の両日、琴平神社の境内に天棚を設け、五穀豊穣、風雨順調、家内・町内安全を祈願して行われます。

現在の天祭は、初日の八時から十二時頃にかけて天棚を組み立て、日の暮れるのを待って行事に入ります。行人白衣、白足袋、宝冠等を身にまとった二人の行人（オンギョウサマ）が、「六根清浄」を唱えながら、神主、世話人、総代会長らと近くの川（行場）に行き、身を清めます。その後行人は天棚の二階に上がり、祭壇の前で神主のお祓いと祝詞を受けます。次に神様をお迎えし、全国各地の神々に唱えごとを言います。この行人の唱えごとに合わせ、天棚の周りにいる集落の人たちも一斉に唱えごとを復唱します。それが終わると「千度《せんど》」といって、梵天を持った人を先頭に集落の人たちが、囃子方のお囃子の音に合わせ、天棚の周囲をぐるぐる回ります。

千度は初日の夕方六時と九時、翌日の午前八時の合計三回行います。翌日朝の千度（ブッキリ）が終わると、ただちに天棚の解体に入ります。解体は午前中で済ませ、午後からは直会になります。

板戸の天祭（板戸町）

天祭とは天念仏ともいわれ、太陽・月をはじめとする天の神様に、風雨順調、五穀豊穣等を祈願する信仰に基づく行事です。

天祭は普通大字ごとに行われますが、板戸では各集落で行われるほど盛んでした。実施日は集落により異なりますが、旧暦七月から八月初旬にかけて、嵐除けと稲の豊作を祈願するものです。祭りの場には、広い庭を有する個人宅があてられました。そこに設けた天棚と称する二階建て組み立て式の施設を中心に行ったもので、二階に祭壇を設け、一階はお囃子場となります。祭りは三日間続き、この間、朝昼晩と真夜中に神仏への祈願が行われます。これをゴーライゴウといいます。川で身を清めた白装束姿の行人が祭壇に上がり、八百万の神仏を招き稲作の無事豊穣を祈願します。一方、若者たちはお囃子の音にあわせ天棚の周りをゴーライゴウと唱えながら回るものです。ゴーライゴウの間には、盆踊りや芝居等の余興も行われ、天祭は村人にとって楽しいひと時ともなりました。

戦後板戸でも衰退しましたが、平成二十五年集落センター敷地内に新屋敷、中才、辻、反目の四集落の天棚収蔵庫が設置されたのを機に復活し、現在は板戸の天祭として、八月十五日に盆踊り等とともに実施しています。

下砥上の大杉様
（下砥上町）

下砥上の大杉様は、毎年十二月第一日曜日（かつては旧暦の一・五・九月）、五穀豊穣と悪疫退散を願って行われます。大杉様の行列は、天狗（赤装束）と烏天狗（緑装束）が先導し、お囃子の音を響かせ、地区内を神輿が渡御します。

この地区の大杉様は、江戸時代の天保年間（一八三〇～四三）頃に勧請《かんじょう》したと伝えられ、下砥上神社内にありますが、神様を祭る祠《ほこら》はなく、神輿自体が御神体です。

当日は午後一時頃、神輿をトラックに載せて神社を出発し、大杉囃子とともに地区内を一巡します。かつては六〇〇戸の家々を、若者が神輿を担いで一軒ずつ回りましたが、現在は戸数が四〇〇戸にも増えたことから、三五ある班の代表者（氏子総代）宅を訪れています。代表者宅では地域の人たちが集まり、神輿の周りを「センドー」と唱えながら三回まわります。次ぎに天狗と烏天狗が家の玄関前に立ち、「アンバ大明神、悪魔を祓ってよいしょ」と唱え、矛《ほこ》の柄を床に突いて悪魔を祓います。この時各家では、賽銭《さいせん》や酒肴を神輿に供えます。神輿の一行が神社に戻るのは、三時半頃になります。

なお現在の祭礼日は、氏子らが参加しやすく、また祭りを盛り上げるため、十二月に行われる地区の農業祭に合わせており、午前中、収穫祭の会場でも大杉様の祭りを披露しています。

下川岸の大杉様（石井町）

石井町下川岸の大杉様は、毎年七月中・下旬の日曜日に五穀豊穣、町内安全を願い、地区を挙げて行われます。御祭神である大杉神社は神輿そのものが御神体であって、祭礼当日に神輿舎から神輿を公民館前庭に迎え入れます。大杉様の行事は大きく二つに分かれていて、一つは天狗（天狗・烏天狗）と梵天が練り歩く厄除け・悪魔祓い、もう一つは若者が神輿を担いで回る神輿の渡御です。

　当日の午前九時頃準備が整うと、神輿に拝礼後、天狗と烏天狗、梵天（長い竹の先に幣束を付けたもの）の一行が二班に分かれて地区内を巡回します。一行は家々を一戸ずつ訪ね、玄関先で神社のお札と幣束を渡し、続いて天狗が「お祓いします」と言って、玄関や座敷に上がって、両手で長い鉾を「エイ、エイ、エイ」と掛け声をかけながら、三回斜めに切り下ろし、厄除け・悪魔祓いをします。一〇三軒ある家々を、約三時間かけて一周します。

　一方、正午からは神主による神輿の出御式、続いて近くに鎮座する三宝荒神《さんぽうこうじん》の神事が行われた後、神輿の渡御になります。神輿は東西南北のうち、その年の決められた方面を回ります。また後方ではトラックの荷台に乗った囃子方が、お囃子を演奏します。神輿と囃子方の一行は、約二時間かけて練り歩き、公民館に帰還します。

中島の天王様・大杉様（中島町）

中島町の天王様・大杉様は、毎年七月第二土曜日に、中島神社境内にある八坂神社と大杉神社の例祭として、悪疫退散、町内安全を願って行われます。中島町には大《おお》山祇命《やまずみのみこと》を主祭神とする鎮守《ちんじゅ》中島神社がありますが、江戸時代後期頃に末社として、両神社が勧請されました。かつては七月十四日に天王様を、十五日に大杉様を行ってきましたが、現在は二つのお祭りを一緒に行っています。

祭りは一週間前から始まり、両神社を兼ねた石祠の前に、二基の神輿を並べて、夜には灯明を灯して神様をお守りします。本祭り当日は、朝早くから準備に取りかかり、世話人らが町内に疫病神の侵入を防ぐ神札を、町の境界七か所に立てます。十時頃、神主を迎えて神事を行い、十二時を合図に二基の神輿行列が出発します。一基は大天狗、烏天狗を先頭にした天王様神輿で、子どもたちがリヤカーに載せて渡御します。もう一基は大杉様神輿で、トラックで町内を回りますが、この時囃子方が乗り込んで大杉囃子を演奏します。両天狗は町内四か所に設けられた会所に着くと、集まった地域の人を前にして、大きな幣束を振りかざし、「アンバ大杉大明神、悪魔を祓ってエンヤラヤー」と三回唱え、悪魔祓いをします。それぞれの一行は、町内を四時間かけて一周し中島神社に戻ります。

兵庫塚安産稲荷神社の初午祭り（兵庫塚町）

兵庫塚町にある安産稲荷神社では、毎年二月十一日に初午祭りが行われ、境内は多くの参詣人でにぎわいます。当社は稲作の守護神である、倉稲魂命《うかのみたまのみこと》を祭っており、祭礼日は本来二月初めの午の日でしたが、現在は建国記念の日（祭日）に行われています。

当社の起源は、天喜元年（一〇五三）と伝えられ、代々宇都宮氏の篤い信仰を集めてきました。宇都宮氏八代貞綱の妻、北の方が難産になった折、貞綱と家臣一同が当社に必死に安産を祈願したところ、無事男子を出産。それが後に武将、歌人としても名高い九代公綱と言われています。以来、安産の神様としても信仰されています。

祭り当日は午前十時頃、社殿で神事が行われた後、地元の囃子方が笛・太鼓で軽快なお囃子を演奏し、続いて太々神楽が奉納されます。太々神楽は現在、下野市下古山の吉田流神楽保存会によって、九つの舞が上演されています。

また、当日は訪れた参詣人に甘酒が振る舞われるほか、祭りのしめくくりには、お宝まきが行われます。お宝まきは氏子総代らが神楽殿に上がり、参詣人に向かって、祝いの餅などをまきます。

なお当社の御神像は、彩色された木像で、女神が赤子を抱いて狐の背に乗った姿をしています。御開帳は二十五年に一度（直近は平成二十八年）行われています。

第二章 民俗芸能

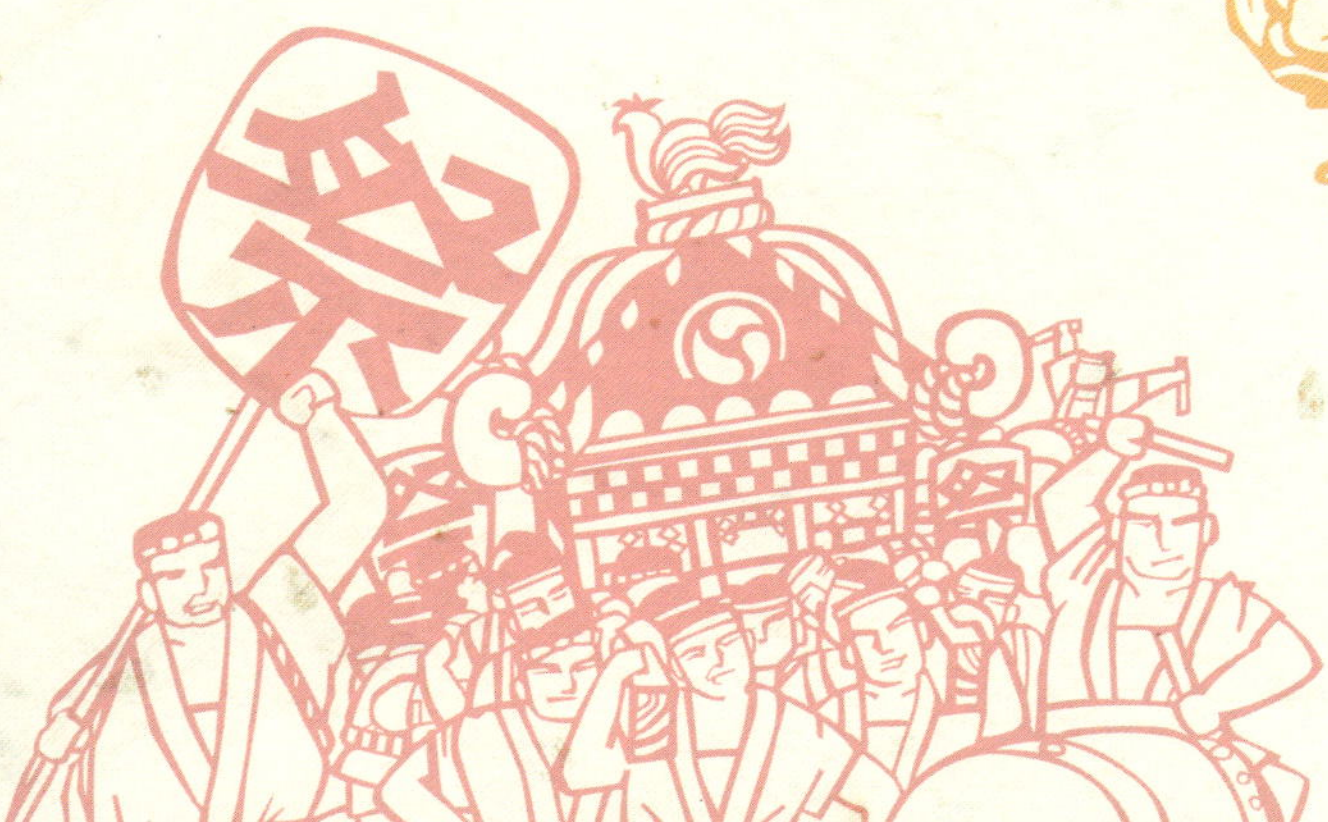

概論

土地の人々が暮らしの中で行って来た芸能を民俗芸能といい、郷土色が濃いところから郷土芸能とも呼ばれています。宇都宮市内に見られる民俗芸能には、獅子舞、太々神楽、田楽、お囃子等がありますが、民謡も併せて取り上げることといたします。

獅子舞は、頭に獅子頭を被り、腹に太鼓をくくりつけ、笛の音を伴奏に太鼓をたたきながら踊るものです。一人が一匹の獅子を演じ、雄二匹、雌一匹の三匹で踊るところから三匹獅子舞ともいわれます。本来、獅子の威力で悪霊を追い払うものとして演じられました。三匹獅子舞は、室町時代の頃に起源を持つといわれ、江戸時代に盛んになり各村々の若者組に取り入れられました。市内には、関白神獅子舞、中里西組獅子舞、飯山獅子舞、上横倉獅子舞、逆面《さかづら》獅子舞、関堀獅子舞、宗円獅子舞があり、中でも関白神獅子舞は、各地に獅子舞を伝授し、関白流獅子舞の元祖となっています。なお、関白神獅子舞をはじめ、各地の獅子舞では由来話を伝えています。自分たちの獅子舞がいかに由緒あるか等、獅子舞に対する誇りが由来話を生み出しました。

神楽は神の座を設けて神々を迎

え、鎮魂・清め・祓いなどの神事を行ったことに始まるとされる芸能です。宇都宮市内の神楽は、神話等を題材とする出雲系の神楽で、太々神楽ともいわれ、舞人が面をつけ、手に鈴や御幣、サカキ等を持ち神楽囃子の演奏にあわせて踊るものです。市内には宇都宮二荒山神社の神楽、今泉町の八坂神社の神楽、瓦谷の神楽があります。いずれも江戸時代中・後期に起源を持ち、当初は神主たちが演じていましたが、明治初期の神職演舞禁止令等により、氏子たちが演じるようになったものです。

田楽は栃木県内では宇都宮二荒山神社で演じられています、現在の田楽舞は江戸時代の文化年間（一八〇四～一七）頃に伝わったものです。春・冬のオタリヤと五月の田舞祭に上演されています。

お囃子には、神楽囃子と屋台囃子がありますが、普通お囃子といえば屋台囃子をいいます。大胴（太鼓）一、付け太鼓二、鉦一、笛一の構成からなり、屋台奉納等で祭りを盛り上げるために演奏されます。市内のお囃子の多くは、神田囃子の流れを汲むものです。

木遣りや民謡は本来仕事の折に歌われたものが多く、宇都宮には宇都宮鳶《とび》木《き》遣《や》り、鬼怒の船頭唄、篠井の草刈唄・金掘唄、徳次郎節等があります。

宇都宮二荒山神社の神楽

宇都宮二荒山神社の神楽は、「太々神楽」と呼ばれるもので、江戸時代の中頃に江戸系統に属する神田流から教わったと伝えられ、神社では「宮比流」と称しています。毎年一月・五月・九月の各二十八日に、境内の神楽殿で奉納されています。

上演奉納は、かつては祈禱《きとう》講社により行われていましたが、現在は神楽保存会により奉納されています。

舞の演目は、「国定めの舞」「猿田彦の舞」「二神の舞」「八幡の舞」「岩戸の舞」「鬼女の舞」「恵比須の舞」「お蛇の舞」など、全部で一八あります。毎回それらの演目の中から、八演目ほどが選ばれて演じられています。

また神楽面も四〇種が伝えられており、その裏面には「明治四年高田運春」の銘があるものなど、江戸時代の終わり頃から明治時代にかけて活躍した宇都宮仏師の名前が墨書されたものもあり、大変貴重です。

昭和四十四年二月十三日には、宇都宮市指定文化財（無形文化財）に指定されました。

娯楽の少なかった時代には、神楽は人々の楽しみの一つでもあり、多くの老若男女が境内にある神楽殿の前を埋めつくしたと言います。

今泉八坂神社の太々神楽（今泉四丁目）

　今泉八坂神社の太々神楽は、春祭（二月最終日曜日）と秋祭（十一月二十三日祝日）の年二回、本殿での神事斎行後、神楽殿にて奉納されます。

　神社に現存する古い記録では「寛政十二年三月二十一日大祈禱祭修行当日前年通り太々神楽執行」とあり、少なくとも、寛政一〇（一七九八）年頃に神田明神にて習い修め、「神田流太々神楽」と称して奉納されていました。その後、幾分の工夫と変革を経て、明治以降は「葭田《よしだ》流太々神楽」と称し、昭和四十三年三月二十二日に宇都宮市指定文化財（無形文化財）に指定されました。なお、神楽面の多くは宇都宮で活躍した仏師・九代目高田運春の作によるものです。

　演目は、例年、「国定め」「猿田彦の舞」「二神の舞」「三狐の舞」「玉取りの舞」「稲荷の舞」「天の岩戸の舞」「恵比寿の舞」「鬼女の舞」「隋神の舞」「大蛇の舞」「大黒の舞」「日本武尊の舞」「熊襲の舞」「弓八幡の舞」「湯立の舞」「四季の舞」「山の神の舞」の十八番の中から、十番を奉納します。

　また、太々神楽奉納終了後、神楽殿正面奥に御鏡と共に飾られていた樫の枝を氏子中に配ります。この樫の枝は葉が落ち難いことから、神棚に祭ると家族が欠けることなく無病息災である縁起物になると言われています。

瓦谷の神楽（瓦谷町）

瓦谷の神楽は、「大和流太々神楽」と称し、平野神社神楽殿（拝殿と共用）で正月三が日を除く一月の第一日曜日に奉納されています。神楽の由来は、江戸時代の宝暦年間（一七五一～六三）頃に京都から伝えられたといわれています。

当初は、平野神社の神主であった篠崎土佐と近くの神主たちが神楽組合を作り伝承し、平野神社をはじめ宇都宮二荒山神社、城守稲荷、中里の白山神社、下横倉の保古神社などにも奉納していました。明治初期、神楽組合を解散し、衣装・面・諸道具とともに技能は瓦谷に移管・伝承され、さらに昭和四十二年には瓦谷神楽保存会が結成され、その後は保存会の手によって伝承されています。上演日は、もともと旧暦一月二十八日でしたが、昭和四十年より一月五日になり、現在は前述の通りです。

舞の演目は全部で一七座ありますが、すべてを舞っていては日が暮れてしまうため、このうち四～五の演目を行っています。主な舞には、「国定の舞」、「二神の舞」、「岩戸の舞」、「恵比寿の舞」、「稲荷の舞」などがあります。

また、神楽に使用される面は全部で三一あり、そのうち八幡の面は裏面の墨書より、天保六（一八三五）年に当時宇都宮で活躍していた高田仏師が作ったことが分かります。

天下一関白神獅子舞（関白獅子舞　関白町）

関白獅子舞は、上河内地区の関白に伝わる獅子舞です。関白流獅子舞の元祖であり、現存する栃木県内の獅子舞では最も古く、江戸前期（一六〇〇年代後半）にはすでに存在していたようです。

　もともと旧暦の七夕に関白山神社で行われていましたが、その後新暦の八月七日となり、現在では八月の第一土曜日となっています。この獅子舞の由来を記すものに「関白獅子縁起」があり、それによると「延喜十二（九一二）年藤原利仁が下野国高座山（高舘山）にたてこもった賊を平定し、この地で死亡した。そこで、葬儀を行ったところ一転にわかにかき曇り、あたり一帯が暗闇になった。臣下の青木角太夫と青木一角が獅子を家来に舞わせたところ晴天になったとのことから悪魔退散、国家安泰を祈念して始まった」といわれています。

　関白獅子舞は、江戸後期から明治初期にかけて、近隣の中里地区をはじめ、鹿沼市や日光市、那須塩原市など各地に伝播しました。

　演目には「神詣《まい》り」「平庭《ひらにわ》」「蒔《まき》寄《よ》せ」「唐土の舞」のほか、「紫隠し」や「弓くぐり」、「神子舞《みこまい》」などがありますが、「神子舞」のなかの「鬼の舞」は狩人や鬼が登場し、最後に獅子が鬼を退治するという舞であり、利仁《としひと》伝説を彷彿させる内容になっています。

天下一関白流御神獅子舞

（中里西組獅子舞　中里町）

中里西組の獅子舞は、江戸時代に隣村の関白より伝授されたもので、天保九（一八三八）年に「天下一関白流」の額を掲げることが許された文書が残されています。明治十四（一八八一）年に本家関白から伝えられた「伝来の秘密書」が残されており、数多い関白流の中でも本家より免許皆伝を許された由緒ある天下一関白流です。

例大祭は毎年八月十五日（午前八時から午後三時）で、まず公民館で態勢を整え「海道下り」の笛の音に乗って中里地区の鎮守白山神社に詣でて「鎮守参り」の舞を奉納し、その後公民館に戻り「蒔寄せの舞」・「唐堂の舞」・「平庭の舞」・「弓くぐり」・「柴隠し」・「ニーゴの舞（鬼退治）」の演目を舞い、五穀豊穣・家内安全・悪魔退散などを願って奉納されます。特に「ニーゴの舞（鬼退治）」は、狩人と鬼の立会いに続き、獅子による鬼退治は、他の獅子舞に類を見ない勇壮かつ独特な舞いとなっています。

またこの獅子舞の特徴として、かつては演目によって踊り手の年齢が定まっていました。神参りは小中学生、蒔寄せは中学～二〇代、唐堂の舞は若衆前半、平庭は三五歳以上、四方固めは四五歳でした。

なお当日は、一般の方も見学だけでなく、「ひょっとこ」と「花籠」に飛び入り参加できます。

天下一関白流獅子舞

（逆面獅子舞　逆面町）

この獅子舞は、毎年八月十五日および八月下旬の風祭りに、逆面町に鎮座する白山神社で舞われているものです。

逆面という変わった地名は、古く奈良時代の高僧「弓削道鏡《ゆげのどうきょう》」が下野薬師寺別当に任じられた折、この地まで足を伸ばし、荒地の中の井戸の水を飲もうとした時、自分の顔が逆さに映ったことから、この地を逆面と名付けた伝承が残っています。

言い伝えによれば、慶長年間（一五九六～一六一四）、逆面の地が宇都宮二荒山神社（宇都宮大明神）に寄進され、明神様の氏子として神社の祭礼や普請、特に遷宮祭の地祭りなどには、地元の人たちが神社に出向き、感謝の意を込めて獅子舞を奉納したといわれています。

疫病の厄祓いや作物の豊作などを祈願して舞われ、勇壮な中にも格式が感じられます。獅子舞の奉納は、先達・額持・弓持・棒持・太刀使い・獅子・花籠・道化・囃子など総勢二五名ほどにより執り行われます。

「ワタリの舞」からはじまり、「平庭の舞」「蒔寄せの舞」「庭の舞」「弓くぐり」に続き、オカメとヒョットコが獅子とともに演じるユーモラスなおかめ狂言「スズの舞」があり、最後は「花啜《すす》りの舞」で締めくくられます。

宗円獅子舞（新里町）

宗円獅子舞は、新里町神郷地区に伝わる獅子舞で、言い伝えによると初代宇都宮城主の藤原宗円ゆかりの獅子舞と伝えられています。

宗円は、康平五（一〇六二）年の源頼義の奥州平定の際、戦勝祈祷の獅子舞を伴って従軍しましたが、途中の勝山（さくら市氏家）の地で、武運長久を祈り獅子舞を奉納しました。平定後、宇都宮城主となった宗円は近江国坂本の山王（日枝神社）二一社中七社を新里の日枝神社に勧請し、その際に武運長久、悪疫退散を願って獅子舞を奉納したといわれています。

現在は、五穀豊穣や町内安全、悪疫退散などを祈念して、盆の八月十六日に日枝神社で、八月の最終日曜日（二百十日）に日枝神社と薬師堂で獅子舞を奉納します。

舞の演目としては、鳥居前で行う「鳥居舞」、神社の境内で行う「棒術」「平庭の舞」「入れちがい」「雌獅子隠し」「弓くぐり」「芝さがし」などがあります。特に、シシアヤシと呼ばれる道化役が登場する「平庭の舞」は、道化がきたない農民衣装と馬鹿面をつけ、手にはサイマラ棒を持って獅子をあやしたりするなど、ユーモラスなしぐさをします。この道化役は、舞を十分にこなした先輩格が行います。また春夏秋冬を表現した花籠、楽器としてのササラなどに特徴があります。

関堀獅子舞（関堀町）

関堀獅子舞は、関堀町の関沢観音堂で行われている獅子舞です。

言い伝えによれば天喜五（一〇五七）年、源義家（八幡太郎）が奥州平定の命を受けた折、紫宸殿《ししんでん》において当時宮中で悪魔退散・国家安泰を獅子舞で祈祷する任にあたっていた藤原角輔に門出を祝福させました。奥州を平定し、京都へ引き上げる途中、義家はこの獅子舞を関沢の地に残し、それが代々受け継がれたものといわれています。

かつては関堀町全住民参加の行事として、すべての成人男子が舞を修得しましたが、昭和四十三年に関堀獅子舞保存会が結成され、それ以降保存会を中心に舞が伝承されています。

獅子舞は、毎年八月十四日・十五日・十六日の三日間行われてきましたが、近年は八月十四日・十六日の二日間に行われています。

十四日は獅子の宿である塩田宅の庭で棒術と弓の舞を、その後中《なか》宿《やど》の郡司宅の庭でも同じ舞を行います。十六日は観音堂において一連の舞を舞います。

演目には「棒術」「平庭」「弓くぐり」「笹がかり」「柴隠し」「剣の舞」などがあります。特に、口にくわえた真剣で竹を一気に切る「剣の舞」は、最も迫力があります。なお切り落とした竹は、最後に細かく切り分けられ、参集者にお守りとして配られます。

上横倉獅子舞

（上横倉町）

上横倉獅子舞は、江戸時代に関白から伝授されたもので、関白流の流れをくみ、中里西組の獅子舞同様に天保九（一八三八）年の伝授書が伝えられています。

この獅子舞にも、下野国高座山（高館山）に本拠地を構えた賊、蔵宗・蔵安を鎮守府将軍藤原利仁が征伐し、その後病に倒れたことから、家臣らが悪魔消滅を期して、麒麟をかたどった頭をかぶって、舞いを舞ったという伝説があります。

上演は八月十五日で、午前中公民館から「街道流し」の笛の音に乗って鎮守多籐神社に向かいます。街道流しの行列は、宮司、獅子旗、関白、弓持ち、棒持ち、笛、獅子謡、御幣、花、獅子、棒使い、花の順で進みます。まず、鳥居の前で「鳥居舞」を行い、次に神社本殿を三周した後に「棒術」、「神楽舞」を舞います。午後は、公民館で「庭舞」「柴隠し」「弓くぐり」「雌獅子引き」の順番で舞います。新盆の家がある時には、位牌を公民館前に置き、その前で「棒術」「あや取りの舞」など供養の舞いを行います。

かつては、地祭りや橋の渡り初めの時にも獅子舞を舞うことがあり、その時には薬師堂に集まってそこから街道流しを行って目的地に行き、「四方固めの舞」を舞い、鬼門に向かって矢を放つことも行いました。

飯山獅子舞（飯山町）

飯山町の阿蘇神社で毎年八月十五日に行われている獅子舞です。

関白流獅子舞の一つで、言い伝えによれば延喜年間（九〇一～九二二）に藤原利仁が蔵宗・蔵安を平定した後、飯山の地で病にかかり永眠しました。利仁の死を悲しんだ飯山の人々は、利仁の守り神の三尊神獅子の頭を奉納するとともに、毎年獅子舞を阿蘇神社に奉納したのが始まりといわれています。天保九（一八三八）年、並びに明治十四（一八八一）年に関白から伝えられた伝授書があり、鬼退治の舞も伝わっています。

太夫獅子、雄獅子、雌獅子の三匹で舞う一人立ち三匹獅子舞で、当日は区長の家から隊列を組んで阿蘇神社の境内に向かい、そこで「神楽舞」「弓くぐりの舞」「本庭の舞」などを行うものです。

神楽舞は阿蘇神社に奉納する舞であり、弓くぐりの舞は雄獅子が弓をくぐり抜ける舞、本庭の舞は別名夜の舞ともいわれ、いも掘りの場面や雌獅子隠しの場面が出てきます。

かつては八月十七日と十八日にも風祭、天王祭として村内を獅子が歩いたといわれ、その際、世話人の家や村の道辻などで疫病を防ぐための獅子舞が行われました。そして夜には「本庭の舞」が舞われ、最後に「ヒットコの鬼退治」で幕を閉じました。

宇都宮鳶木遣り

木遣りは、重い材木や石材などを運ぶ時に歌われる作業唄です。

言い伝えによりますと、宇都宮の鳶木遣りは、徳川家光の日光東照宮造営と関係が深く、この時、全国から大工や塗師《ぬし》、鳶職《とび》などが集められましたが、冬の間は作業が進まないので、宇都宮などに宿泊させました。この時、彼らの間で歌われていた木遣りが宇都宮の職人に伝えられ、そこに独特な節回しが加わって、現在の形になったといわれています。

しかし、江戸時代に盛んに歌われた木遣り唄も、明治期以降次第に歌われなくなり、戦後は急速に衰えてきました。そこで木遣り唄の伝承を危ぶんだ梁川新三郎氏が昭和二十五年宇都宮鳶木遣り保存会を結成し、唄に加え梯子乗り、纏《まとい》振りの技を伝承しています。

木遣り唄は「兄」と呼ばれるリーダーがまず一人で歌い上げ、それを受けて大勢の作業員が続いて歌います。歌詞はすべて口伝で、「梁川家口伝書」によれば三七種あります。現在はご祝儀や不祝儀などの時にも歌われています。

木遣りと合わせて梯子《はしご》乗りも伝承されています。これは、鳶口で固定した長さ二四尺八寸六分（約七・五メートル）の梯子の上や途中でさまざまな芸を行うもので、しゃちほこ、遠見、腹亀、谷のぞきなどの技があり、市の出初式や「宮まつり」などで披露されます。

篠井の金掘唄・草刈唄（篠井町）

篠井の金掘唄は、篠井金山の坑夫たちによって歌われたものが、明治、大正期を経て、歌詞、節まわしが少しずつ変化しながら、今日に伝わった作業唄です。単調で辛い労働から気を紛らわし、元気を鼓舞するために歌われました。

歌詞は七・七・七・五調で、たがねと石刀《せっと》を打ち鳴らす伴奏で歌います。金山は榛名山、本山、男山の山麓を中心に、戦国時代頃から採掘され、寛文年間（一六六一〜七二）頃に最盛期を迎えました。明治期以降、昭和期（戦後）まで続きましたが、唄だけが当時の栄華を伝えています。

「ハッパかければ　切羽が延びる
延びる切羽が金となる」
「曇るがんがら　宝の山よ　里に
黄金が流れ出る」

篠井の草刈唄は、金掘唄が変化して生まれたものと言われ、本県を代表する民謡です。金掘りに加わった付近の若者たちが、榛名山麓の草刈り作業の行き帰りに歌いました。民謡として注目を浴びるようになったのは、大正末から昭和初期で、昭和五年に東京で開かれた郷土舞踊民謡大会に手塚正秋、手塚林作両氏が出場し、美声をふるいました。現在保存会の人たちによって歌い継がれています。

「わしと行かぬか　朝草刈りによ
草のない山七めぐり」
「いくらかよても　青葉の山よ
色のつく木はさらにない」

徳次郎節（徳次郎町）

徳次郎節は、徳次郎町および近辺の富屋地区で歌い継がれている民謡です。江戸時代、同町は日光道中の宿場町として栄え、旅籠や店が軒を連ねました。唄の起源は宿場で働く越後生まれの茶屋娘が、故郷恋しさに歌っていた唄を宿に通っていた人たちがまねて歌ったのが始まりとされています。唄の一節に「なぜか越後はヨー　山のかげヨー」の文句があります。

歌詞の基本は七・七・七・五調で、文句の後に「ヨー」が入る素朴な曲調です。昭和期の戦前まで、宴席で広く歌われてきましたが、戦後は下火となりました。昭和四十七年、民謡作曲家の金子嗣憧氏によって、尺八、おはやし入りの本格的な民謡に編曲され、これを同町の篠原嗣賢氏が見事に歌い上げ、一躍郷土の民謡になりました。また、昭和五十八年には富屋地区で徳次郎節大会が開かれました。さらに平成八年、市制百周年記念事業として、元唄の採譜が行われるとともに、徳次郎節保存会が組織されました。

「徳次郎よいとこだよ西北山でョ
～　東川風ョ～そよそよとョ～」

「障子開ければ門前田中ョ～
なぜか越後はョ～山のかげョ～」

「日光街道の徳次郎宿はョ～
昔大名のョ～休み場所ョ～」

「一度来てみな徳次郎宿のョ～
智賀都神社のョ～大けやきョ～」

鬼怒の船頭唄（板戸町）

栃木県のほぼ中央を北から南に流れ江戸と結ばれる鬼怒川は、江戸時代から明治時代鉄道交通が発達するまで、物資輸送の大動脈として利用されました。沿岸には阿久津・板戸・道場宿・鐺山《こてやま》・石井・石法寺等の河岸が栄え、流路には小鵜飼船《こうかいせん》が行き来しました。その小鵜飼船の船頭たちが歌った唄が鬼怒の船頭唄です。

鬼怒の船頭唄は、現在、板戸の人々が作る「鬼怒の船頭唄保存会」が中心となって歌い継いでいますが、もとは真岡市下籠谷《しもこもりや》の中三川茂吉が記憶していた唄をもとに、同所の飯塚晃が歌いやすい民謡調に改良して歌っていたのが元唄といわれています。これをNHKラジオで聞いた鬼怒の船頭唄初代会長の増井満が後世に残そうとして、平成四年に保存会を結成し、「わしもお前もこの鬼怒川の共に船頭で暮らすのよ」の歌詞を板戸河岸にちなんで「ハアー船は出ていく　ハアー板戸の河岸を　ハアー江戸への土産に　ヤレサ米と酒」と全面的に変えたものといわています。

船頭唄は、流れが穏やかになり櫓《ろ》で漕ぎ出したところで歌われたものです。歌詞は変わっても、のどかな櫓《ろ》こぎ唄の調べは変わりません。今では全国大会が開催される程多くの人に唄われています。

宇都宮のお囃子

祭りとお囃子は関わりが深く、切り離す事が出来ません。特に山車・屋台行事などには重要な存在です。宇都宮には江戸囃子（通称・神田囃子）の系統を引くたくさんの流派があり、継承されてきました。その一部に新小松流、小松流、吉田流、佐作流、宇都宮旧小門町吉兵衛流、新宿流、新弥流、新清流などが各地に伝わり受け継がれてます。屋台囃子の曲目には、五段囃子と言って、江戸若またけ新囃子、昇天（昇殿）、神田丸、鎌倉、四調目（四丁目）など五つの代表曲目があります。また五人囃子とも言われるように、大胴（太鼓）一、付け太鼓二、鉦一、笛一の五名で演奏します。お囃子の演奏曲目や技術については、各地域や流派ごとに違いがあることから、口伝によって伝えられてきました。

宇都宮の祭り囃子を保存継承する団体として、「宇都宮市お囃子連合会」があります。昭和五十六年に組織され、現在二二団体が加盟しています。宮まつりに参加するほか、年一回、全会員が参加してお囃子共演会が開かれています。

なお、市内にはこれら江戸囃子系統以外に大杉囃子があります。大杉囃子は地囃子とも呼ばれ、大杉神社の祭礼に神輿の渡御とともに同行して演奏されるもので、鼓《つづみ》を使うところに特色があります。

第二章 伝統工芸

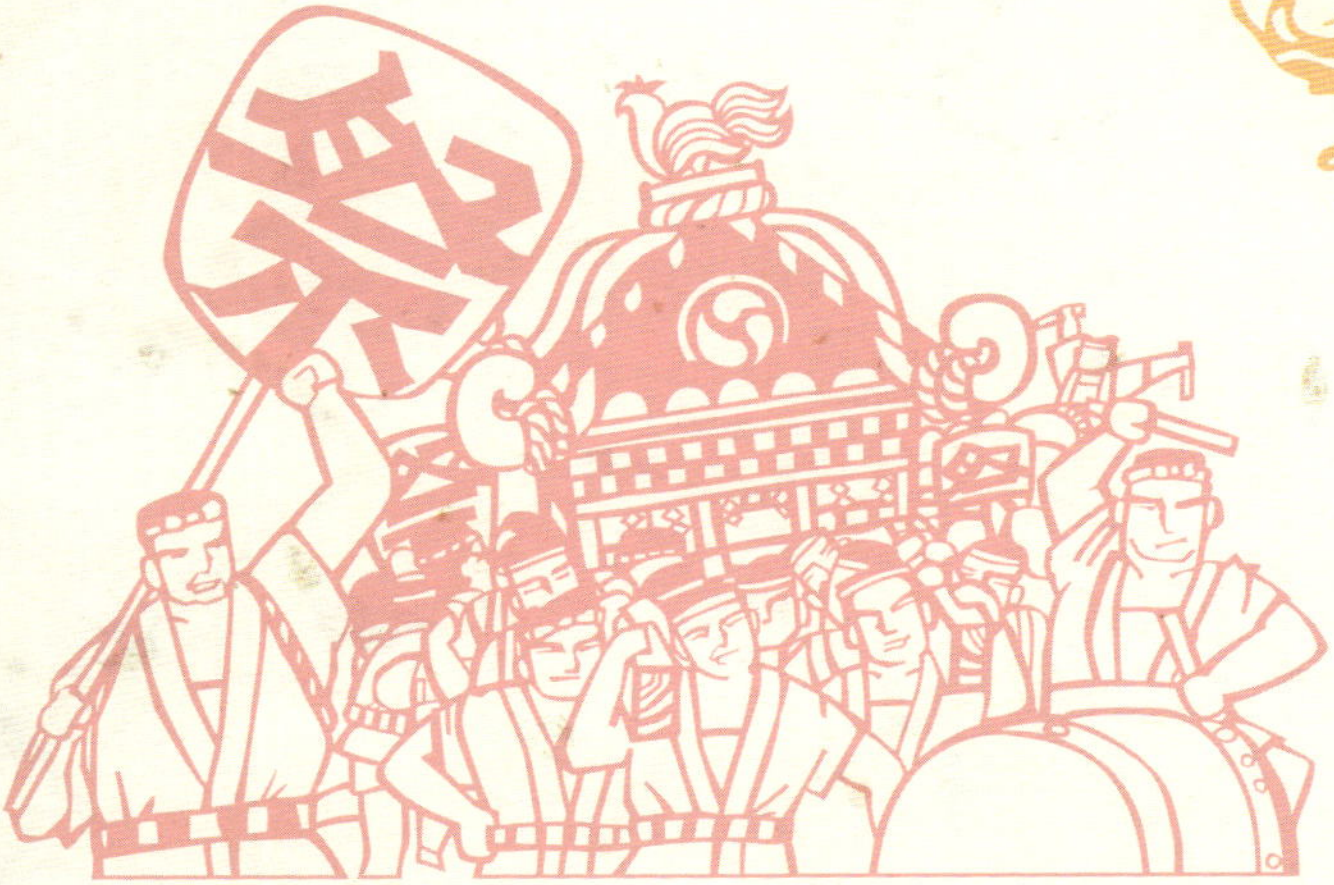

概論

伝統工芸は、主要な部分が手作りであること、その土地で長い間作り続けられてきたこと、主要な材料が長い間使われてきたこと、および生活の中で使用されてきた物であることといった特徴を持っています。伝統工芸は、その地域の自然や歴史・文化を反映したものといえます。

そうしたことから、国や県では、伝統工芸品作りの保存・振興に努め、栃木県では昭和六十年に「栃木県伝統工芸品指定要領」を制定し、平成二十九年四月現在、栃木県伝統工芸品として五六品目が指定されています。

そのうち宇都宮市内に所在するものとして、曲げ物、挽物《ひきもの》、指物《さしもの》、宮染、ふくべ細工、大谷石細工、黄鮒《きぶな》、野州てんまり、和弓用矢、三味線、琴、和太鼓の一二品目があります。宇都宮市は、栃木県で最も伝統工芸が息づく街でもあります。

ふくべ細工は、干瓢の原材料である夕顔の実を、大谷石細工は大谷石を用いたもので、ともに宇都宮の特産品を材料とした宇都宮ならではの伝統工芸です。また、宮染も元をただせば江戸時代から明治時代にかけて宇都宮近辺で織られた木綿地の「宮織」を染めたもので、ふくべ細工や大谷石細工同様、本来は、地元で生産される材料を用いたものでした。なお、宮染業者は明治三十七（一九〇四）年には四〇軒を数えたといい、宮染は宇都宮を代表する地場産業でもありました。一方、黄鮒は、宇都宮を代表する伝説「黄鮒の由来」に関わるもので、これもまた宇都宮ならではの伝統工芸です。

野州てんまり、和弓用矢、三味線、琴、和太鼓は、その歴史からいえば古いものではなく明治以降に育ったもので、宇都宮市という一大消費地に根差した伝統工芸品です。

宇都宮の地で育ち、長らく宇都宮市民に愛用されてきた伝統工芸品ではありますが、存続の危機に陥っているものが少なくありません。手作りであることから値段が高くなり需要が伸びない、伝統工芸品作りには長い間の技術の習得を必要とする等から、伝統工芸品作りに関わる後継者がなかなか育たないといったことによります。

しかし多くの方が愛用していただき商売になり得れば、後継者が得られる可能性があります。宇都宮市ならではの伝統文化の継承のためにも、伝統工芸品はこれからも末長く息づいていってもらいたいものです。市民の大いなる需要を期待するところでもあります。

宮染め

江戸時代、宇都宮城下では近郷の農家で賃機《ちんばた》での織物が盛んに行われました。これらの織物を「宮機」とか「宮織」といい、そうした織生地や紡いだ糸を生藍《しょうあい》で染めたものを「宮染」といいました。無地の生地を生藍で染めたものは、股引地《ももひきぢ》や袢纏地《はんてんぢ》として愛用されました。一方、糸染めしたものは縞柄《しまがら》に織られ「宮縞木綿」の銘柄で販売されました。

田川や釜川沿岸には、染色を行う紺屋が軒を並べていました。明治後期になると、宮織の衰退に呼応して宮染めも廃れ、新たに合成染料を利用した注染《ちゅうせん》による染色方法が大正期に導入されました。しかし染色方法は変わっても「宮染」の名は変わらず残ったのです。

注染では、まず生地を専用の台の上に置き、型紙を生地の上にのせて上からヘラで糊を付けます。そして一回ごとに生地を折りたたんで上から同じように糊を付け、これを一反で一〇～一二回繰り返します。その後、上からヤカンにいれた染料を注ぎ、下から減圧して染料を吸い取ります。この技法で染めると、水彩画のように淡い色に染まり、多彩な表現が可能となります。また折りたたんだ生地の上から下まで染料を浸み込ませるため、染め上がった生地の両方に柄がつくのも特徴です。このように宮の夏を彩る浴衣や手拭いが注染の伝統技法で染められています。

野州てんまり

手まりは、古くは芯に糸を巻いただけのものでしたが、十六世紀末頃からゼンマイ綿などを芯に巻いて弾力性を高め、美しい糸で幾何学的に巻いたものが作られるようになりました。もともとは、婦人や少女たちが屋内外でついたり、軽く投げ上げたりして遊んだもので、江戸中期以降に正月遊びとして流行しますが、明治中頃にゴム製のまりが普及したことや、テレビやおもちゃの出現で遊びの世界からは次第に姿を消していってしまいました。

しかし、この伝統的な手まりの優美な姿に魅せられた中山春枝氏は、その技法を守る旧氏家町在住の大谷スミに師事して手まり作りを習得し、独立後に自身の作る手まりを「野州てんまり」と名付け、その普及を図るための「宇都宮てまり舎」を創設しました。

作り方は、木の実やくず繭などを芯に入れ、そのまわりを毛羽やゼンマイ綿で巻き、さらに和紙で包んで糸を巻き、絹糸などで模様を刺して仕上げていくものです。

その特徴は、野州（栃木県）ゆかりの花・野草・民話に出てくる古木・名木などを、模様の題材としているところにあります。美しさの中にも実用性がなくてはいけないというこだわりと、将来の子どもたちに残そうという使命感から、野州てんまりは作り続けられています。

大谷石細工（大谷町）

大谷地区から採掘される大谷石は、火山灰が海底に堆積してできたもの（凝灰岩《ぎょうかいがん》）で、軟らかくて加工しやすく、防火性が高いという特質をもっています。この特長を活かして建築材として利用され、古くは奈良時代に下野国分寺や国分尼寺の建立にも使用されたといいます。また、蔵や石垣、墓石などにも広く利用され、市周辺に独特な石の造形を生み出しています。

この加工しやすい大谷石の性質を活かし、昭和三十年代に建材以外の新たな商品開発を行ったのが、大谷石美術工芸生産組合です。大谷石細工は、まず採掘した原石を裁断機や押切機で、加工しやすい大きさに切断します。乾燥した大谷石は固くて加工しにくいため、一〜二日水に浸けて柔らかくします。その後作品の寸法を割り出してカネジャクと鉛筆で型取りした後、ヒラノミで削っては作品の形に合せて型取りを行うというように、何度かの型取りと削りを繰り返して仕上げていきます。なおカエルの置物の背中や、灯籠の笠の表面などは、ビシャンノミとよばれる特殊な刃先のノミで模様が彫り込まれます。こうして作られた作品は、自然な石の素顔を大切にすることで見る人に温もりを感じさせ、室内外のインテリアとして多くの人々から愛されています。中でもカエルは、無事帰ると通じることから人気があります。

黄鮒細工とでんでん太鼓（大通り二丁目）

宇都宮を代表する縁起物として、黄鮒やでんでん太鼓があります。現在この黄鮒は、上河原通での初市で買い求めることができます。もともとは、新町の農家の副業として黄鮒を作っていましたが、その後個人宅で細々と作られ、現在ではふくべ洞の小川昌信氏が作っています。

制作は、黄鮒の形をした木型に厚手の紙や和紙を貼り、ある程度の形になったら腹の部分を切って型を取り出し、切った部分に和紙を貼ります。背・腹びれを付けた後全体を胡粉で白く塗り乾いたら黄色く塗ります。ひれと顔の部分を別の色で塗って仕上げます。小川氏は目の部分を別の紙で作り貼り付けています。最後に背びれに糸を通して長さ約三〇センチほどの細い竹につけて張り子の黄鮒が完成です。

でんでん太鼓は「豆太鼓」とも言い、紙で作った小さな太鼓の両側に大豆を一つずつ糸でつけ、彩色したものです。柄を持って回すと、大豆が太鼓をたたいていい音が出ます。黄鮒と同じ縁起物で、小さな子どもの玩具であるとともに、「マメ」に働き、太鼓のように「円満」になるという願いも込められているといわれています。

このほか紙や木、竹などで作った「アヤメ花」や「綿花《わたばな》」も縁起物として初市で販売されています。

ふくべ細工（大通り二丁目）

　ふくべ細工とは、乾燥させたふくべ（ユウガオの実）を加工して、炭入れや魔よけのお面などにするものです。江戸時代の十八世紀初頭に、壬生藩主の鳥居忠英《ただてる》は、藩内の産業振興のため、かんぴょうの栽培を奨励したと伝えられています。かんぴょうは、このユウガオの実の皮をむき、実の部分を細く削って乾燥させたものです。ユウガオの実のいくつかは、来年用の種取り用として畑に置いておきます。十分に種ができたユウガオの実は、種を取る穴をあけて、その後は廃棄していました。大正の末期から昭和の初期にかけて、宇都宮駅前のかんぴょう販売店では、ディスプレイ用として、種取り用のユウガオの実（ふくべ）を置いていましたが、店に来た人が炭入れにちょうど良いということで、だんだんと売れるようになっていき、取っ手をつけて炭入れとして販売するようになりました。この炭入れが全国に広まったのは、昭和六年に東武宇都宮線が全線開通し、開通記念の引き出物としてふくべの炭入れを用いたためと言われています。

　ふくべの炭入れは、全体をよく洗い、内部を金たわしで整えた後、内部と口部分を赤や黒で塗り、取っ手をつけた後外側にニスを塗って仕上げたものです。現在では炭入れとしてよりも、マガジンラックなどに主に用いられています。

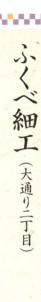

和太鼓（今里町）

小野﨑家は、宇都宮市で唯一の太鼓を製作・販売している店です。小野﨑家はもともと下都賀郡南犬飼村大字安塚（現在の壬生町安塚）が発祥の地で、明治二十二（一八八九）年小野﨑彌八氏により小野﨑彌八商店として創業しました。大正六（一九一七）年、三男武光氏が分家を許され宇都宮市伝馬町（現在の泉町）に宇都宮初代小野﨑太鼓店として創業しました。その後二代目武司氏に受け継がれ、平成二十二年、店を今里町の東北自動車道沿いに移転し、三代目博一氏が受け継ぎました。平成二十九年で創業百周年を迎えました。

太鼓に用いる原木には、堅牢な欅《けやき》が用いられます。しかも樹齢百年を超すような太い欅の木が最適です。太鼓の製作には太鼓の種類により多少違いが見られますが、長胴太鼓の場合は、原木の選定・玉切り・挽き廻し・胴内彫り、胴外荒仕上げ・下地塗装・鐶《かん》金具取付・革張り・仕上げ塗装の順で作られます。こうした作業工程では、それぞれ太鼓製作ならではの特殊な道具が用いられています。

小野﨑太鼓店では、現在、長胴太鼓を始めとして、締太鼓、平釣太鼓、民謡太鼓、大鼓《おおつづみ》、小鼓《こつづみ》など、各種の和太鼓を製作しています。これらの太鼓は県内各地の社寺の祭礼や行事、郷土芸能、和太鼓イベント、学校教育などで広く利用されています。

コラム①　宮の伝統野菜　新里ねぎ

新里ねぎは、宇都宮市北西部の新里地域を中心に、その周辺で栽培されている伝統野菜です。形状は軟白部の根もとが曲がっており、食べると軟らかく甘みが強いのが特徴です。当地域の栽培の起源は江戸時代末期といわれ、明治時代には換金作物として、栽培が盛んになりました。

秋に種をまき、春に定植をした後、夏に畝《うね》を斜めに立て再度、株の植え替えを行います。通常よりも栽培に手間がかかりますが、手間をかけることによって、ねぎが曲がり組織が軟らかくなって、おいしさが増します。

一般的なねぎに比べ、品質・食味が優れていることから、地元直売所で販売されたり、贈答用として人気があります。しかし、先述したように栽培に手間がかかるため、残念ながら生産者、生産量は減少傾向にあります。

こうした中、新里ねぎは平成二十九年に、伝統野菜として百年以上も生産が続いてきたことが高く評価され、農林水産省が地域の農産物や食品をブランドとして保護する「地理的表示（ＧＩ）保護制度」に、本県内の産品としては初めて登録されました。

第四章 民話

概論

民話とは、民間に伝わってきた話の略で、大きくは昔話と伝説とに分けられます。昔話は、「むかしむかし。あるところにおじいさんとおばあさんがいました」等ではじまり語られるところから、昔話と呼ばれるようになったもので、場所や時代、人物などは特定されません。また、物語として語られるところに特色があります。

一方、伝説は「つり天井」のように場所や時代、人物などが特定され、本来物語としてではなく断片的に言い伝えとして伝えられてきました。

昔話は、主として囲炉裏端《いろりばた》で年寄りが子どもに語ったもので、絵本やラジオ、テレビなどが普及するとともに衰退しています。それに対し伝説は、土地の由来や人物などについて伝えられることから人々の注目されるところとなり、郷土誌等に記載され今に伝えられているものが多くあります。

宇都宮市で昔話が伝承されたのは昭和四十年代頃までで、それも農村地帯の一部であり、しかも多くは「だんご婿」や「姥捨《うばす》て山」「花咲かじいさん」「桃太郎」「さるかに合戦」等でした。桃太郎の話は、おばあさんが川へ洗濯に行くと赤い桃と白い桃の二つが流れてくるといい、また、さるかに合戦では普通、かにを助太刀《すけだち》するのは栗と蜂と臼とですが、牛の糞が加わるのは宇都宮あたりの昔話の特色といえましょう。

宇都宮市の伝説では、多く人物にまつわる話、植物や動物にまつわる話、神社や仏閣にまつわる話、水や池・川にまつわる話等が伝えられています。

人物にまつわる話では、「長岡の百穴」や「正月に餅をつかない話」「大谷寺の由来」等、弘法大師にまつわる話があり、また「鏡が池」や「静桜の由来」「亀井の泉」等、奥州に落ち延びた源義経を追う話は、奥州に通じる道沿いに位置した宇都宮市ならではの伝説もあります。

植物や動物にまつわる話では、「孝子桜」「おしどり塚」「黄鮒の由来」等があり、宇都宮市を代表する伝説として知られています。

神社や仏閣にまつわる話では、「大谷寺山号の由来」「大豆三粒の金仏」が知られ、水や池・川にまつわる話では、「同慶寺の古井戸」「逆さ堀の人柱」等があります。

その他、今里町の羽黒山に由来する「だいだら坊」「つり天井」、雀宮の雀宮神社にまつわる「雀の功徳」等も、宇都宮市を代表する伝説として知られています。

宇都宮城のつり天井（本丸町）

昔々、江戸時代の初めのころのことです。

宇都宮の近くの村に、年は若いが大工の腕は村一番、気立てのいい与四郎という若者がいました。庄屋さんに気に入られ、娘のお早《はや》の婿に望まれました。

与四郎は、将軍様がお泊りになる宇都宮城の部屋造りに選ばれました。お城に上がると、三〇人ほどの大工がいました。部屋が仕上がると、与四郎を含む腕のいい一〇人が湯殿を造ることになりました。そんなある日のこと、仲間の留吉が「与四郎どん、湯殿の天井になぜ百貫の石を載せるか知っているかい。あれは、将軍様を亡き者にする仕掛けなんだそうだ。本多の殿様は、将軍様とそりが合わず、弟君を将軍にしたいんだと」。その夜、与四郎はみんなが寝静まると、庄屋さんの家に駆け込みました。久しぶりに夜の更けるのも忘れるほど、お早と語り合いました。帰りに絵図面をお早に託し、お城に舞い戻りましたが、与四郎は待ち構えていた侍に、命を絶たれてしまったのです。

お早は嘆き悲しみ、井戸に身を投げました。庄屋さんは、冷たくなった娘を抱きかかえ涙にくれましたが、絵図面と文を将軍様一行に差し出しました。早速お城は調べられ、つり天井の仕掛けや大工の亡骸《なきがら》が出て、城主本多正純《ほんだまさずみ》は、秋田県の由利に幽閉されました。

おしどり塚（一番町）

昔々、二荒山神社の東側に求食《あさり》川《がわ》が流れていて、川岸には柳や葦が生い茂っていて水鳥たちの格好の遊び場でした。

この求食川から八幡山付近にかけて、狩りを生業としていた猟師がいました。

ある日、猟師は獲物を獲れずに疲れた足を引きずりながら、求食川のほとりを通りかかると、おしどりのつがいが、のどかに遊んでいるのを見つけました。とっさに弓を引き矢を放ち、雄のおしどりを仕留め、その場で雄の首を切り落として持ち帰りました。

翌日の朝、猟師が狩りに出かける途中に求食川のほとりを通りかかると、昨日、おしどりの雄を射止めた同じ場所に、雌のおしどりがうずくまっていました。猟師はすぐに矢を放って仕留めました。

ところが、そのおしどりを持ち上げて、猟師は驚き立ちすくんでしまいました。昨日射止めた雄のおしどりの首を、雌のおしどりが羽の下に抱いていたのです。

この姿を目の当たりにした猟師は、仕事とはいえ、今までの罪深い行いを後悔し、頭を丸めて坊さんになりました。

そして、川岸に塚を作り石塔を建て、おしどりの菩提《ぼだい》を弔いました。

飛山城の白ナマズ（竹下町）

大きく蛇行して流れる鬼怒川に沿う台地の上に、飛山城跡があります。

飛山城は鎌倉時代の末、宇都宮氏の家臣である芳賀高俊が築いた城で、高俊以後三百年あまり続きました。しかし豊臣秀吉の時代に宇都宮氏改易によって芳賀氏も滅び、飛山城もこの時に廃城となってしまいました。

いつの頃のことだか、この城に美しく気立ての良いお姫さまが住んでいました。お殿さまや奥方さまはもとより、家来や村の人たちにも慕われて大事にされ、幸せに暮らしていました。ところが、お家騒動がもとで城が燃えて落城してしまったとき、一人残されたお姫様は、断崖から鬼怒川の渕に身を投げてしまいました。

飛山城の崖下は、川の流れが崖にぶつかり渦を巻いて深い川底になっていて、身を投げたお姫様は、たちまちその渦の中に巻き込まれ、見えなくなりました。

それから間もなくのこと、鬼怒川の渦を巻いている川底に、白ナマズが住みついて泳いでいるのを見かけるようになりました。

「おらも見た」「わしも見た」という村人たちが何人も出てきて、「あの白ナマズはお姫さまの生まれかわりじゃねえのか」などと言い合って、美しくて優しかったお姫さまのことを忘れないように、今に伝えてきたそうです。

孝子桜（古賀志町）

昔々、古賀志山の麓に、幸助と言う子どもが住んでいました。幸助は父親と二人きりで、毎日畑を耕し暮らしていました。

ある日のこと、父親が病気になって倒れ、それから寝たきりで暮らすようになりました。そんな時、父親が幸助を枕元に呼ぶと「幸助、おれはそう長くは生きられね。そこで、おめえに頼みがある。死ぬ前にお堂の前にある桜の花を見てえ」といいました。しかし、それはまだ冬のことです。「神様、どうか桜の花を咲かせてくだされ」。幸助はこう言って、毎日桜の木の下でお祈りを続けました。するとまた、父親が幸助を枕元に呼んで、「幸助、もう花は咲かんでいい。そのかわりな、あしたの朝、おれを桜の木の所さ、連れてってくれや。せめて、桜の木だけでも見てえ」といいました。

その夜のことでした。幸助はおとうが寝静まってから家をぬけ出して、古賀志山の途中にある大日如来様に行き、「大日如来様、花は咲かんでもいいです。そのかわり、あしたの朝一日だけ、あったけえ日にしてくだされ」とお願いしました。次の日の朝、暖かなよい天気になっていました。幸助は、おとうを背負って桜の木の方へ向かって歩き、桜の木の下でおとうを背中から降ろして上を見上げると、なんと、桜の花が空一面に咲いていました。

大谷寺のいわれ（大谷町）

昔々、平安時代の初めの頃のことです。今の大谷寺の辺りは、奇妙な岩だの大きな石が、そびえ立っていて、岩の下からは、水が湧き出して川となって流れ、まわりの田畑を潤していました。

しかし、この谷の奥の洞穴の中に、毒をもった大蛇が住んでいて、時折、毒を吐いて、川の水を毒水にしてしまい、水飲みに来た鳥や獣たちは、たちまち死んでしまいました。そればかりか、人が水にさわると病になって、死んでしまう人までいました。この毒水は生き物を殺すばかりか、田畑の作物まで枯らしてしまうので、里の人らは、困りはてていました。

この話を、この辺りを旅していた弘法大師が聞いて、困っている里の人らを救ってやろうと、毒蛇の住む谷の奥の洞穴の中に入っていきました。そこで、一心に経を唱え始めました。何日かたった朝のことです。弘法大師は洞穴の中から出てくると、「毒蛇は退治した」。そう言って、川で手と顔を洗って、どこかへと行ってしまいました。

里の人らが洞穴に入ってみると、もう毒蛇の姿は消え、洞穴の中の岩肌に、千手観音様が彫られていました。里の人らは弘法大師に感謝し、千手観音様を納めるお堂を建てて、「大谷観音」と呼びました。これが大谷寺の起こりと言われています。

黄鮒（西原町）

宇都宮の玄関口である宇都宮駅を出て西へ行くと「宮の橋」という橋があります。黄鮒は「宮の橋」の下を流れる「田川」にまつわる伝説で、本市を代表する民話です。

昔、宇都宮の町で天然痘が流行って、多くの子どもたちが罹《かか》りました。高熱が続き体中にぶつぶつが出来て、子どもたちに次々に移り亡くなりました。町中の人々は恐れおののきました。昔のことなので原因もわからず、医者様に診てもらえるのは、殿様か金持ちだけです。戸を閉め切り神様や仏様に祈るほか、術《すべ》はありません。

そんな町の中に信心深い漁師がいて、一人息子もその病に罹ってしまい、今まで以上に神様に「どうか息子を助けて下されー」と懸命に祈ると、「黄色い鮒を食べさせると治るぞ」と、神様のお告げの声が聞こえました。漁師は早速田川に行って網を打つと、本当に大きな黄色い立派な鮒が取れ、子どもに食べさせると、不思議に熱は下がり、元気になりました。

そこで神様の御利益と感謝し、本物の黄鮒に代わり張子の黄鮒を作って神棚に供え、無病息災を祈りました。それから話を聞き知った人たちは皆、張子の黄鮒を作り神棚にお供えしました。それ以来、天然痘が流行っても、病気に罹る子どもはいませんでした。

静桜

（野沢町）

源氏と平家の戦いが落ち着いた頃の話です。兄の源頼朝に追われた義経を慕って、静御前はわずかなお供と奥州の平泉に向かいました。途中、宇都宮大明神に参拝し、義経の無事を祈願しました。

「我が身を捧げます。夫義経をどうかお守りください」と、静かに手を合わせました。

さらに足を進めましたが、野沢の宿に着いた時、静御前は心労と長旅から倒れてしまいました。お供の者が体を冷したり、煎じ薬を飲ませたり、神仏に祈りましたが病は重くなるばかりでした。こんな時、奥州からの旅人の「義経公がお供の弁慶と衣川《ころもがわ》のほとりで討ち死にした」との話を聞くや、静御前は悲しみ亡くなりました。

お供の亀井六郎らは、この地に塚を造り、亡骸《なきがら》を葬り、塚の真中に静御前の愛用の桜の木の杖を突きさしました。間もなく杖から芽が出、枝が茂り、美しい桜の花が咲きました。その花は五弁の花びらが兜を抱いているようでした。まるで静御前が義経を抱いているような形に見えるので、村人はこの桜を「静桜」と呼ぶようになりました。

伝説の桜は現在、野沢町の日光街道から東に入った亀田家の屋敷の一角にあります。桜の品種はヤマザクラの変種の旗ザクラで、毎年一つの枝に八重と一重の桜を咲かせています。

だいだら坊（今里町）

昔々、出羽国（山形県）の羽黒山に雲をつくようなだいだら坊と呼ばれる大男がいました。この男、山を造るのが大好きで、寝てばかりいるがたまに気が向くと日本の彼方此方《かなたこなた》に山を造って歩いていました。ある日だいだら坊、むっくり起き上がり、「さて今日はどこさ山を造るか」雲の上から富士山が見えたのでその方へ向かいました。

羽黒山の端っこを手ですくい取り、藤蔓《ふじつる》で編んだモッコに乗せ、どすんどすんと歩き始めました。下野国今里辺りに来た時咽《のど》が渇いたので、足元の鬼怒川の流れに両手を入れ、掬《すく》って飲むと、水は干し上り、流れが二方に分かれ、東と西の鬼怒川が出来ました。足を踏ん張り過ぎたので足を滑らせ尻餅を着いてしまい、川の流れが上流に押し上げられてしまいました。その所が今のさくら市の「押《おし》上《あげ》」です。また歩き出し葦《あし》が生えてる湿地に重い土を背負って歩いて出来た足跡が「芦沼《あしぬま》」。泥足は鬼怒川で洗い、再びモッコを担ぎ歩き出した時、石につまづき、よろけて倒れ肘《ひじ》を着いてしまった辺りを「肘内《ひじうち》」。その拍子にモッコの藤蔓が切れて中の土が落ちてしまい、だいだら坊はその土山の上に腰掛け、「疲れたー」と出羽の国へ帰ってしまいました。この土山が今のお羽黒山で、土と一緒に大岩が落ちて、それがだいだら坊の岩として、中腹に残っています。

戸室山の百穴（大谷町）

石の里・大谷の南の方に戸室山という美しい山があります。ある年の大晦日の夕方、山の小道を急ぐ二人の僧がいました。二人は全国行脚《あんぎゃ》を続ける弘法大師とその弟子だったのです。夕日に映える戸室山の美しさに深く感動した弘法大師は、村人たちの幸せを願って、一夜のうちに戸室山の岩肌に百の穴を掘る願を掛けたのです。

大谷寺の晩鐘を合図に、大師は穴を掘り始めました。その間お供の弟子は一心にお経を唱えていましたが、山里に響くノミの音と読経の声に、村人たちはだれも気付かなかったというのです。大晦日の夜もとっぷりと暮れて、戸室山は凍りつくような寒さで、二人の動きも鈍くなってきました。九七、九八、九九の穴と掘り進み、いよいよ一〇〇の穴にかかろうとしたとき、早起きの若者夫婦は、まだ夜が明けきれないうちに正月元旦の餅をつき始めたのです。弘法大師と弟子は、「願い叶わず」といって掘るのをあきらめて、九九の穴に入魂のお経をあげて山を降りたのです。村人たちは、後で二人が弘法大師の一行だと知り、申し訳ないことをしたとのことで、正月に餅をつくのをやめてしまいました。今も戸室山の麓の家々では、正月に餅をつかないそうです。また、弘法大師が掘ったという穴は、今は戸室山のどこにも見当たりません。

雀宮の由来

（雀の宮一丁目）

平安時代の中頃のこと。京に住む藤原実方《ふじわらのさねかた》が陸奥守《むつのかみ》になりました。実方が陸奥国へ向かう途中、下野国のある村で休み、再び旅立って行きました。妻の綾女姫《あやめ》は、「実方の仕事が無事に済み、早く京へ戻れますように」と、毎日のように願い待ちわびていましたが、待ちきれずに後を追って陸奥国へ旅立ちました。ところが慣れない長旅のため、実方と同じ村に来た時、病に臥《ふ》せってしまいました。綾女姫は自分の命はもうわずかと悟ると、手厚く看病してくれた村人に「私の持っているこの玉は、その昔、天照大神《あまてらすおおみかみ》と素戔嗚命《すさのおのみこと》が約束事をし、取り交わした玉で、藤原家代々伝わる大切な宝の玉です。素戔嗚命の不思議な魂を持った宝の玉なので、この村を守る神として奉れば栄えるでしょう」と言い残し、静かに息をひきとりました。

　村の人たちは、その遺言を信じて神社を建て、「宝物の玉」を納め、素戔嗚命を奉って村の守り神にしました。一方、陸奥国の役人をしていた実方も陸奥国笹島で病に倒れ、死んでしまいました。実方も妻の綾女姫を思い、魂が雀となり妻の亡くなった場所へ飛んで来たそうです。それ以来、ここに住む村人は、実方も一緒に神社に祀り「雀宮大明神」と名付け、その地を「雀宮」と呼ぶようになりました。

夜泣き石（立伏町）

田原地区の西、立伏町に「一《いっ》侍《さむらい》」という集落があります。その昔、一侍の近くに太平《うでら》と呼ばれる山の上に、太平備中守《うでらびっちゅうのかみ》という情け深い殿様が、お城を築いてこの辺り一帯を治めていました。ところが、この城が宇都宮の殿様に攻められて落ち、備中守は討ち死にしてしまったのです。家来たちも散り散りになりましたが、一人の忠義な家来がこの地で、死んだ殿様の霊を慰《なぐさ》めようと、山の中に法華寺を建て、毎日法華経を唱えて暮らしていました。村人たちは、一人の侍が住む里として、一侍と呼ぶようにしたそうです。

一侍の法華寺は、今はなく墓地や神社が残っているだけですが、その寺跡の杉林の中には、でっかい岩のような石がありました。この石を土地の人たちは、「夜泣き石」と呼び、この石にお参りすると、赤ん坊の夜泣きがピタリと止まると信じられています。この石には、二つの赤子の足跡が付いていて、これを両足で踏むと願いが叶うと言われています。赤子の足跡は、諸国を巡っていた「子育て観音様」がこの里を通り、背負ってきた赤ん坊をこの石に降ろしたところ、赤ん坊の足跡が付いたと伝えられています。

昔から子どもが夜泣きで困るときには、ここにお参りすると不思議に夜泣きが治るといわれ、お参りする人が絶えませんでした。

第五章 年中行事

概論

正月やお盆等、季節がめぐってくると、毎年繰り返し行われる家の祭りを年中行事といいます。

宇都宮市での主な年中行事について見ると、正月三が日から始まり、七草・山入り・鍬入れ・小正月・恵比寿講並びに二十日正月・二月初午・二月八日・じじん様、春彼岸・三月節句・四月八日・五月節句・釜のふた朔日《ついたち》・七夕・お盆・十五夜・秋彼岸、十日夜・恵比寿講・川ひたり・師走八日等があります。

宇都宮市に限らず、わが国の年中行事は、一年を二期に分け、年の初めの正月やお盆に見られる先祖の霊の祭りを行うことと、じじん様・三月および五月節句・十五夜・十日夜・恵比寿講等、本来稲作等にまつわる祭りが行われるところに特色があります。

さて、宇都宮市内における年中行事です。近年は、正月といえば三が日が重視されていますが、以前は農作物の豊作を予め祝う行事が行われる小正月も、重要とされました。二月は農耕開始を間近に控えた時期であり、農耕の神様を迎える初午や二月八日・じじん様等の行事が続きます。三月三日・五月五日は、雛節句・女の節句・三月節句、端午の節句・男の節句・五月節句等とともに、節句とされます。三月節句は女の子、五月節句は男の子の無事成長を祝う行事とされていますが、本来は稲作にとって大事な苗代しめや田植え開始に伴う行事でありました。お盆は正月とともに祖霊を迎え祭る大事な行事です。旧暦が衰退した現在、宇都宮市では月遅れの八月に盆行事を行っています。秋から初冬は、稲をはじめとする農作物の収穫時期であり、十五夜・十日夜・恵比寿講等、収穫の無事を祈る行事や収穫を感謝する行事が集中します。

　ところで、年中行事は神社の祭りと同様に、普段とは異なる特別な日とされてきました。年中行事の日は仕事休みの日であり、また、この日はご馳走を作り神様に供え、いただいたものでもあります。神社の祭り日同様に年中行事の日は、普段の日の疲れを癒《いや》す日であり、心身のリフレッシュを図る大切な日でもありました。

　なお近年、年中行事は新暦で行われていますが、かつては旧暦で行われました。旧暦は新暦より約一か月遅く、したがって年中行事に季節感が伴わなくなりました。また、人々の暮らしも多様になり、農作業に伴う年中行事が衰退しているのも現実です。

正月

古く正月は、三が日を大正月と呼び、十四・十五日を小正月と呼んで区別していました。なかでも大正月は、盆行事と並ぶ一年の節目の行事として大切にされ、正月様とか年神様と呼ばれる神様がやってくると信じられていました。そのため神様を迎えるための注連縄《しめなわ》や門松、年神棚が準備され、供え物としてのお神酒や餅、雑煮、赤飯などが供えられました。なお旧家の中には、こうした神への供え物や、新年の新しい水をくみ上げる若水くみなどを、一家の長や長男が務める年男に任せ、女性は一切手を出さないとする家もありました。

また正月にはおせち料理が準備されますが、一般にはごぼうと人参の金平、水羊羹、白南京豆のきんとん、昆布巻き、数の子、大根と人参のなます、塩引き鮭の粕汁などがあります。このうち昆布は「喜ぶ」、数の子は「子孫繁栄」、豆は「まめまめしく」に通じるというように、縁起の良い材料で作られるのが特徴です。

このほか、「正月には雑煮を食べない」とか、「三が日の夕方はうどん」「餅を食べない」など、正月の食物についての禁忌を守っている家もありました。このようなしきたりを「餅なし正月」といいますが、その理由としては、餅を食べる習慣がなかった古い時代の名残ではないかと考えられています。

どんどん焼き

正月三が日を大正月というのに対し、一月十四日および十五日を小正月といいます。この小正月に行われる火祭りを宇都宮あたりではどんどん焼き、あるいは鳥焼き、鬼焼き等ともいっています。

十四日には繭《まゆ》や里芋等の形をした団子を、正月の松を取り外した所に飾り、十五日の朝には小豆粥《あずきがゆ》を炊き、粥箸の先に小豆粥を付けて同じく神棚に供え、あるいは真ん中が太くなった箸で食べる風習があります。これらは繭をはじめとする農作物の予め豊作を祝うものです。

一方、どんどん焼きは、十四日の晩、あるいは十五日の早朝に松飾りやダルマ等を燃やすものです。この火にあたると風邪を引かないともいわれ、どんどん焼の火は呪力を持った火とされています。どんどん焼きは火が燃え盛る様からそう呼ばれるようになったものですが、鳥焼きとか、鬼焼きは、害鳥や鬼等の害をもたらすものを焼きつくすということからついた呼び名です。どんどん焼きは、冬から春への季節の境にあって、悪いものを追い払うサエノ神信仰の行事と考えられます。なお、松飾りなどを燃やす際には、孟宗竹等を円錐形に組むのが一般的ですが、立方体に組む所もあり、また、その作り物を鳥小屋と呼んでいる所もあります。

初午

初午とは、もともと旧暦二月最初の午の日に稲荷様にお参りする行事で、京都の伏見稲荷大社のご祭神が降臨したのがこの日だからといわれています。一般に農家では稲荷神は稲成りに通じることから稲の神様とされ、一方商家では商売の神として広く信仰されています。

栃木県内では初午に、大根、大豆、塩引き鮭、酒粕、人参、油揚げ等を具材として作ったしもつかれを稲荷社へ供える風習があります。稲荷社へは笹竹に縛りつけた五色の旗を持参します。なお、この五色の旗には、「正一位稲荷大明神〇〇家」と墨書する習わしがあります。この旗のほかに、しもつかれと赤飯を入れた藁のツトを一対持っていきます。そして稲荷社の参道に五色の旗を突き立て、藁ツトを稲荷社へ供え、農家にあっては稲作の無事豊穣を、商家にあっては商売繁盛を祈願します。

ムラで祭る稲荷社の場合、この日に例祭が営まれ、太々神楽が演じられ、また、境内では子供相撲等が行われている所もあります。なお、近年は、暦の改変により新暦の二月に初午行事が行われるのが一般的となっています。

初午にまつわる伝承としては、初午が二月一日になると、その年は火事が多いとか、初午の朝に七軒の家からしもつかれをもらって食べると中気にならないと言います。

節句

節句は中国の陰陽五行説に由来して、季節の節目に神祭りをして供物を供えたことが起源とされ、セチビともいわれます。正月七日、三月三日、五月五日、七月七日、九月九日の五節句があり、変わり物が食べられることから、楽しみな日でもありました。

このうち三月三日は雛節句・桃の節句などと呼ばれ、女子のいる家庭ではその無事成長を祈って雛人形を飾り、ヨモギを摘んできて草餅を作り、桃の花や白酒、菱餅とともに供えました。またかつては、古くなった雛人形を川に流したり、お堂に納めたりすることがありましたが、これは体についた穢《けが》れを人形に託して流してしまおうとする禊《みそぎ》の一つと考えられています。

これに対して五月五日は端午の節句といわれ、男子の成長を祝う男の節句です。武者人形が飾られ、五色の吹流しや鯉幟、武者絵や鍾馗様の幟を立てて柏餅を作り、菖蒲酒を飲んだり、菖蒲湯に入る風習などが見られました。菖蒲は昔から薬用に使用されるとともに強い匂いを発することから、魔物を追い払う力があるとされたためで、菖蒲で鉢巻をすると頭の病、腹をなでると腹の病気にならないなどの俗信も伝えられています。なお三月・五月節句ともに田植えの直前にあたり、精進潔斎《しょうじんけっさい》を行う物忌みの日と考えられています。

こと始め・こと終い

年中行事の中には、春と秋の二回行われるものがあり、こと始《はじ》め・こと終《じま》いもその一つで、二月八日と十二月八日とに行われています。こと始め・こと終いのほかに、こと八日、だいまなく、笹神様等さまざまな呼び名があります。「こと」とは神事のことであり、だいまなくとは、大きな眼の意であり、一方、笹神様とは庭先に笹神を祭るところからの呼び名です。

二月八日・十二月八日には、一つ目の厄神・妖怪・小僧等といわれるものがやって来るといわれます。これを追い払うために大きな目がある「めかい籠」を竹竿の先につけ軒に立てかけ、あるいは大きな草刈り籠を庭先に伏せ置き、さらには母屋の戸口に串にニンニク・豆腐を刺して飾る等の風習が見られます。また、笹神様と称し二月の場合は母屋の前の庭先に、十二月の場合は母屋背後に三本の笹竹を立て、その上に赤飯などを供えることが行われています。

こうした行事は、農作業開始に先立って農耕の神を招き農作物の豊作を祈願する一方、農作業の無事終了を期して農耕の神様に感謝するものです。

なお、笹神様の構造は原始的な祠《ほこら》であり、栃木県央部から茨城県南西部にかけて見られる独特な風習でもあります。

七夕

七夕は、もともと中国の星祭りである乞巧奠《きこうでん》から始まったものとされ、日本に伝わったものが古来からの棚機女《たなばたつめ》と結び付き、今日のような行事に発展したといわれています。一般には、短冊や折鶴などで美しく飾り立てた笹竹を庭に飾りました。またネブタ流しといって、紙人形を川に流したり、水浴びをして睡魔を祓う日ともされています。なおこの日の早朝、里芋の葉の上にたまった露を集めて墨をすり、短冊に願い事などを書いて笹竹に下げると、文字が上達したり願い事が成就すると言われています。この他、七夕飾りを翌日大根畑にさすと大根に虫がつかない、良い大根がたくさんとれるなど、大根を代表とする畑作物の予祝的な儀礼も行われました。

なお七夕行事は、お盆を前にしての準備段階とも考えられています。というのも、盆の一週間前にあたる七月七日には、墓掃除を行うとともに、仏具を磨くなど祖霊を迎えるための準備作業が行われるからなのです。墓掃除はハカナギといわれ、早朝草刈鎌を持って墓地の雑草を刈り取り、新竹（七夕の竹を使う家もある）で線香や盆花を供える筒を先祖の霊だけ墓前に挿しておきました。このように七夕は、子どもたちの行事という感覚とは別に、祖霊を迎えるお盆の始まりという意識も強かったようです。

お盆

お盆は、先祖の霊を招き供養する行事で、かつては旧暦七月十三日から十六日に行っていましたが、現在は月遅れの新暦で行われます。その準備は一日の釜のふたから始められます。この日には地獄の釜のふたが開き、亡者が旅立つ日とされ、各家庭では小麦饅頭や餅を搗いて台所の大釜に供えたものでした。

十三日は迎え盆で、午後までには盆棚が飾られます。仏壇の前などに盆茣蓙《ござ》を敷いた棚を作り、先祖の位牌や仏具を置いて花を飾り、その上に竹を渡してホウズキやワカメ、ソウメンを掛けました。また台にはイモやハスの葉の上にのせたキュウリやナスで作った馬を飾るのが一般的です。そして夕暮れが近づくと、家の戸口や縁側に水を張った盥《たらい》を置き、提灯を灯して先祖様（お盆様）を墓から迎えてきました。供え物は、季節の野菜や三度の食事などで、「盆にぼたもち、お昼にうどん、夜は米の飯にとうなす汁よ」の言葉があるように、盆中の食事も大方決められていたようです。

一方、十六日は送り盆で、供物をマコモゴザで包んだものを持参し、墓地に先祖の霊を送ります。なおお盆様には、土産団子といって月の数だけ団子を作り、持たせるものだと伝えられています。送り盆が終了すると、秋の収穫の季節を迎えることになるのです。

十五夜・十三夜

十五夜は、旧暦八月十五日の満月を愛でる風習です。奈良時代ごろに中国から伝えられ、はじめは貴族階級で行われていたものが庶民にも伝わり、現在に至っています。秋の稔りに感謝する農耕儀礼の一つで、月の見える縁側に卓袱《ちゃぶ》台や箕《み》を出し、その上に稲穂に見立てた五本の芒《すすき》、一升の米粉で作った十五個の団子、白米飯、けんちん汁、さらには、さつま芋、里芋、大根など秋の収穫物を供えます。夜になると、子どもたちが、藁を束ねて作ったボウジボ、ワラデッポウなどと呼ばれる棒を持って家々を廻り、「大麦あたれ、小麦あたれ、三角畑のソバあたれ」などと唱えながら地面を叩きます。また、「十五夜の物盗み（ダンゴッキ）」という習俗が見られる地域もあり、供え物を盗んでも良い日とされていました。これは、神様が持って行ったものと解釈され、盗まれた家でも縁起が良いといって見て見ぬふりをしました。

　一方、旧暦九月十三日の月を愛でる風習は、十三夜と呼ばれています。日本独自のもので、十五夜と同様に芒、団子、栗などを月の見える場所に供え、秋の稔りに感謝します。片見月はするものではないといわれ、十五夜に月見をしたら十三夜にも必ず月見をするものとされています。

恵比寿講

恵比寿講は恵比寿・大黒の二神を祭る行事です。このうち、恵比寿様は釣竿を持ち、小脇に鯛を抱えた神様、大黒様は米俵の上に鎮座し、打ち出の小槌を持った神様で、いずれも商売繁盛や五穀豊穣の神として広く信仰されています。

豊作への願いと収穫できたことへの感謝を込めた行事であり、旧暦一月二十日と旧暦十月二十日(現在は一月二十日と月遅れの十一月二十日)に行います。

一月は恵比寿様が稼ぎに出かける日、十月は稼ぎから帰ってくる日とされ、普段は神棚や台所などに祭ってある恵比寿様と大黒様の像を下ろし、そして同じく恵比寿・大黒が描かれた掛け軸を下げ、像の前に机やチャブ台を用意して像を安置します。その前に白米飯、あんころ餅、蕎麦《そば》、尾頭付きの魚などを供え、商売繁盛や五穀豊穣、家内安全などを願いました。この際に生きた魚を丼《どんぶり》の中に入れて供えたり、一升枡にソロバンや銭を入れ、膳を下げる時には「千両で買います、万両で買います」などと唱えたりすることも行われています。

肥料屋では、十月の恵比寿講に得意先の農家を接待し、盛大に祝いました。農家では、この日に肥料代などたまっていた代金を支払ったもので、こうした払いを「エビスコ払い」などと呼んでいました。

じじん様

旧暦二月十日は、じじん様がやって来る日とされ、空臼をついたり、門松を燃やしたりすることが行われています。空臼を搗《つ》くのは搗くべき米がないことをじじん様に知らせるため、門松を燃やすのは場所を知らせるためのもので、このような様子を見たじじん様は、人々に米がないことを哀れんで、煙にのって天から降りてくるのだといわれています。この時、餅や団子、あんころ餅を作って一升ますに入れ、じじん様に供えます。

じじん様は、地の神様、大地の神様と解釈されており、畑作が盛んな地域にとっては、重要な農耕神の一つと位置付けられています。その一方で、田の神様ととらえている地域もありますが、いずれの場合においても、農耕に深く関与し、人々に豊穣をもたらす神として意識されています。

じじん様を行う日は、新暦でいえば三月中旬にあたります。農作業のはじまりにあたり、農耕の神を迎え、豊穣や一年間の農耕の安全を祈るじじん様は、農民にとっては重要な行事の一つでした。

二月二十日の春のじじん様に対し、十月十日の秋のじじん様があります。稲刈りを無事終えて、収穫に感謝する日で、餅をついて供え、田の神を山に送ります。このようにじじん様は、春やってきて、秋に帰っていきます。

川ひたり

十二月一日は川ひたりです。餅をついて川に供える日で、地域によってはカピタリ、カワピタレ、カビタシ、カピタリツイタチなどと呼ばれています。

水神様の祭りといわれ、白餅やあんころ餅を作って川に流したり、橋のたもとに置いたりしました。いずれも、子どもが水難事故にあわないように、干害や洪水がおきないようにという願いを込めたもので、川ひたり餅を食べるまで、あるいは川ひたり餅を供えるまでは、川に近づいてはならないとか、橋を渡ってはいけないという禁忌があります。そうしないと河童が川に引きずりこんでしまうともいわれています。

今日、川ひたりの風習は、ほとんどの地域で失われてしまいましたが、その伝承は「川ひたり餅の由来」など民話のなかで次の世代に受け継がれています。

この日は、正月準備をはじめる日としても意識され、地域によっては、正月棚の棚木を採りに行く日とか、正月の餅米をふかすための薪を採りに行く日とされています。

こうした事例から、正月の歳神様を迎えるにあたり、川に浸り身を清める行事であったとも考えられています。

第六章 伝統料理

概論

平成二十五年、ユネスコの世界無形文化遺産に「和食　日本人の伝統的な食文化」が登録されました。その特徴として「多様で新鮮な食材とその持ち味の尊重」、「栄養バランスに優れた健康的な食生活」、「自然の美しさや季節の移ろいの表現」、「正月等の年中行事との密接な関わり」が指摘されています。

このことは、宇都宮市の食文化にも当てはまります。さらに宇都宮市に限定すれば、内陸部に位置する宇都宮市の地理的位置、冬季の乾燥寒冷気候、台地や二毛作田が広がる地形等も宇都宮市の伝統料理に関わってきました。

宇都宮市では、正月に里芋を入れた雑煮・芋串等の里芋料理、二月初午にはしもつかれ、お盆には挽きたての小麦粉を利用した炭酸饅頭やうどん等が作られますが、これらは年中行事との関わりが深く、かつ自然の移ろいを表すなど豊かな食文化を示すものです。また、二月初午に作るしもつかれと赤飯は、栄養バランスに優れた健康的な食生活を端的に表すものでもあります。

一方、宇都宮市では、サガンボやモロといったサメの類を食べる風習があります。こうしたサメの類は、体内に尿素を蓄積しており、サメが死ぬと尿素の分解でアンモニアが生成され腐敗が抑制されます。サメの類は、海から遠く離れた宇都宮市で食された数少ない生の海魚でした。海の魚といえば、その多くは塩蔵されたものや乾燥されたもので、代表的なものがサケの塩引きであり、身欠きニシンでした。サケは正月期間中の食べ物となり、残りの頭はしもつかれに用いられました。身欠きニシンは、水で戻したタケノコやフキ等と一緒に煮つけたもので、田植えには欠かせないご馳走となりました。

　台地や二毛作田が広がる宇都宮市は、昔から麦作が盛んな地です。ここでは大麦や小麦が栽培され、小麦は粉に挽かれうどんや饅頭に利用されました。旧暦七月朔日は、釜のふた朔日と称され、饅頭を作り食べる風習があり、また八月に入ると雑木林で採れるチタケと呼ばれるキノコを入れた、チタケうどんが食されたものです。

　冬になると芋がらや切り干し大根・干し柿・乾燥芋作り等に精を出したものですが、こうした乾燥食品は、冬季乾燥寒冷といった宇都宮市特有の気候を利用したもので、各家にとって欠かせない保存食となりました。

しもつかれ

「しもつかれ」は二月の初午に作り、赤飯と共にお稲荷様にお供えする供物で、栃木県を代表する伝統料理です。初午とは、稲作の開始を前に、一年間の農作業の無事と、五穀豊穣を祈る大切な行事でした。「しもつかれ」は、栃木県の他にも、茨城県南西部・千葉県北部・群馬県東部・福島県奥会津地方でも作られます。材料は地域によって多少の違いはありますが、主な物は、大根・人参・大豆・塩引き鮭の頭・酒粕・油揚げです。秋に収穫し、土に埋めて保存しておいた大根や人参。この季節になると、さすがに水分が少なくなり煮物には向きません。これを「鬼おろし」と言う竹で作ったおろし器で粗《あら》くすりおろすと、煮汁をよく含み包丁で切った物より美味しく煮上がります。塩引き鮭の頭は、切り身を食べた後に残った物。この料理の旨みと味の決め手となります。大豆は節分の豆まきに使った物。酒粕には、新酒を絞った後の風味豊かな香りがあります。そしてお稲荷様の好物の油揚げ。新鮮な野菜の乏しい季節に手に入る物を上手に利用し、栄養価の高い美味しい料理を作り上げた、先人たちの知恵に脱帽します。

作りたては鮭の生臭さや酒粕の香りが気になりますが、冷やすことで味が馴れ、美味しくなります。冷たい「しもつかれ」と、熱々のお赤飯は最高です。

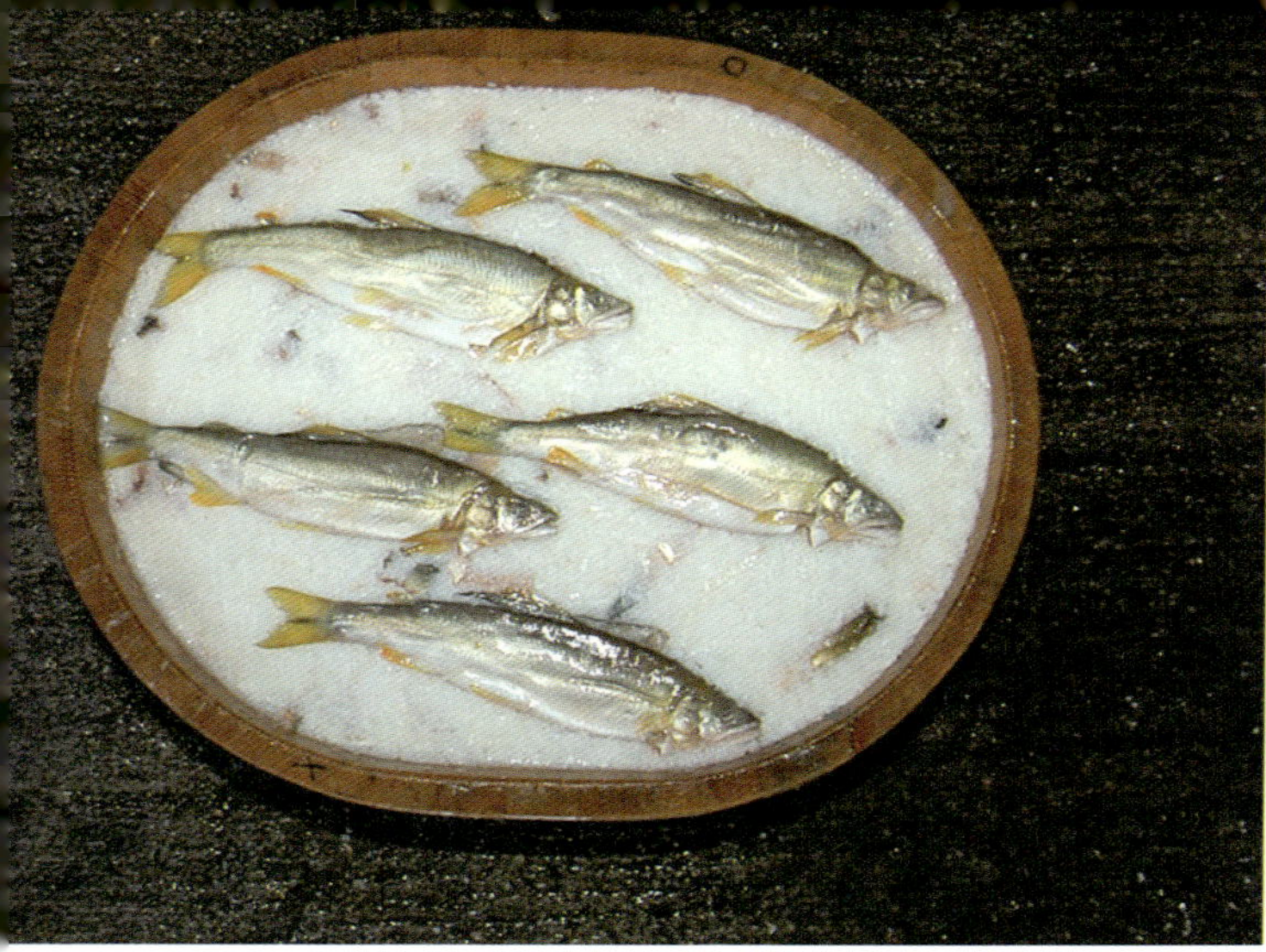

鮎のくされ鮨

（上河内地区）

もともと鬼怒川沿岸の小倉地域等を中心に、作られた伝統料理です。元来、鮨は塩漬けした魚とご飯を長時間かけて発酵させて作る「馴れずし」でしたが、発酵の途中で食べてしまう鮨をくされ鮨といい、「鮎のくされ鮨」は、このくされ鮨の部類に入るものです。

さて「鮎のくされ鮨」は、鮎・大根・ご飯を材料とし、上河内地区の秋の祭り、羽黒山神社の梵天祭りに供されます。これを肴に日本酒をいただくのは最高と言われています。

鮎は夏に仕込みます。背開きにし、たっぷりの塩を振り、重ね漬けします。一番上に山椒の葉を散らし、重石をして冷蔵保存した鮎を水洗いし、塩抜きして使います。大根は千切りにし、塩もみした後、水気を絞ります。炊いたご飯は水洗いし粘り気を取り除き、大根と合わせます。刻んだ鮎を加え、専用の桶にきっちり詰め、一番上に塩漬けした鮎を姿のまま並べます。落としぶたをし、三〇キログラム位の重石を乗せて発酵させます。一週間位で発酵が進むので、浮き上がってきた水を桶を逆さにし、一日かけて自然に水切りし、桶を元に戻したら完成です。大根をたっぷり使うことで魚の生臭さを消すのは、昔の人の知恵です。作るのに手間と時間が掛かりますが、次の世代に大切に伝えたい伝統料理です。

チタケうどん

「チチタケ」「チタケ」は夏から秋に、ブナ・ナラ・クリ・シイなどブナ科の広葉樹林に群生する〝きのこ〟です。傷をつけると白い汁が出るため「乳タケ」とも言われています。香りが乏しく、ぼそぼそとした食感が好まれず、他県では見向きもされないキノコの一種ですが、栃木県では圧倒的な人気があります。

本県で「チタケ」を食用とする習慣は、江戸時代の享保年間の記録が存在するので、昔から庶民にとって身近な食用キノコだったようです。

暑い夏にいただく「チタケうどん」は、栃木県民のソウルフード、夏のご馳走です。「チタケそば」もありますが、主流は「うどん」でしょうか。初夏に収穫した小麦粉で打ったうどんで、夏の味覚を味わうのは、庶民のささやかな贅沢かもしれません。

最近は天然の「チタケ」が少なくなったようで、高値に驚くことがあります。また、外国産の「チタケ」を水煮にした物が安価に手に入るため、これを利用した「チタケうどんの汁」なども販売されているようです。

ぼそぼそした「チタケ」を炒め、茄子《なす》を一緒に汁にしたら、こんなにコクのある美味しいダシが出るなんて……。他県の人たちにもぜひ一度は味わっていただきたいものです。

手打ちそば（けんちんそば）

祭りや人寄せなどのとき、手早くできる「手打ちそば」はご馳走の一つとして振る舞われてきました。昔は、そばを打てなければ一人前でないといわれ、嫁入り前には練習したと言われています。

そばは、なんといっても、「とれたて、ひきたて、打ち立て」の三たてが身上なので、それぞれの地域や家庭では、汁や薬味に気を遣って自慢のそばが食されて来ました。

特に、秋そばの収穫頃は農作業も一段落し、大根や人参、里芋などの野菜が収穫できるので、けんちん汁を作って、「けんちんそば」が広く食べられてて来ました。

また、そばを打つとき混ぜる小麦粉の割合は家庭によって色々ですが、そば粉八に対して、小麦粉二の「二八そば」が多く作られています。

そばつゆは、水と砂糖を煮溶かした後、しょうゆを加えて一週間程度冷暗所で寝かして「返し」を作り、だし汁に「返し」、みりんを加え、さっと煮立てて冷まします。つゆは各家庭によって、こだわりがあります。

地域によっては、そばと一緒にせん突きでついた大根やにらを茹でて食べる、「大根そば」や「にらそば」が名物になっています。また、最近では汁にチタケを入れた「チタケそば」が、全国に広まっています。

耳うどん（古賀志町）

　耳うどんといえば、佐野市葛生地区の牧や仙波が知られていますが、宇都宮市の古賀志町上古賀志でも作られています。上古賀志の星の宮神社の氏子四軒では、一月十三日の祭礼に耳うどんを作り食べたものです。

　この日は、一家の主たちが星の宮神社へ参拝した後に、当番宿で「直会《なおらい》」と称する飲食会が行われます。各自の座席の前にお膳が二つ用意されます。一つはごぼう・山芋・干し柿・トコロ（芋の一種で食べられない）・ねぎ・豆腐・昆布を盛った膳、もう一つの膳には赤飯・芋煮しめ・煮魚・それに耳うどんが盛られます。

　耳うどんは、水で練った小麦粉を平たくのばしてからマッチ箱大の長方形に切り、それを二つ折りにして内側の両端をとじたものです。耳の形に似ていることから耳うどんの名があります。里芋・大根・人参・ごぼうを刻み、醤油で味付けした汁に茹でた耳うどんを入れて食べます。暮れの内に作り、十分乾燥させると長持ちするもので保存食にもなります。

　上古賀志での耳うどん作りは、昭和の終わり頃に廃れてしまいましたが、古賀志山麓の麦作地帯ならではの独特の食文化として、残していきたいものです。

サガンボ料理

栃木県では真冬になるとサガンボと称する魚を食べる風習があります。

「サガンボ」とはサメのことであり、もともとは茨城県北部の海でとれたアブラツノザメを食べたものです。サメの類は、体内に尿素を蓄積しており、死ぬと尿素が分解しアンモニアが生成され独特の臭いを発します。そのために漁師町では敬遠されがちですが、一方アンモニアが生成されることで腐敗が抑制されます。そこで海の生鮮な魚に恵まれない内陸地方では、サガンボが数少ない海の生鮮魚として食べられてきたのです。

ところで「サガンボ」の呼び名は、頭部を切り取り皮を剥《は》いだ胴体部分が冬に軒先に下がるツララの形に似ており、茨城県北部地方でツララのことを「サガンボ」ということからついた呼び名です。サガンボは、切り身を砂糖醤油で煮つけて食べるのが一般的な料理方法です。サメの骨は軟らかいので食べやすく、また、一晩おいて出来た煮凝《にこご》りも美味いものです。

なお、栃木県ではサガンボの他にも、モロと称するサメも食べる風習があります。モロは、ネズミザメのことで、煮つけやフライにして食べると大変おいしく、かつては田植えの頃に出回りました。

芋ぐし

里芋は栽培適応力が強く水はけのよい台地や扇状地から、水田脇の湿った畑でも栽培できるという特質があるため、古くから栽培され、かつては芋といえば里芋をいい、さまざまな料理に用いられてきました。

お煮しめやけんちん汁には欠かせない食材です。特に芋ぐしは、農作業の忙しい時のこじはん（おやつ）として、また夜なべ仕事の夜食としても食べられてきました。

里芋をよく洗い、蒸かしてから串に刺し、囲炉裏《いろり》に串《くし》をさして周りが焼けてきたら、みそだれをつけて香ばしく焼き上げました。秋から冬は柚子《ゆず》みそで、春は山椒《さんしょう》みそで食べられてきました。

現在は、囲炉裏のある家はほとんどありませんので、かわりにオーブンや炭火で焼いて食べられています。また、地域のイベント時にはふるさとの味として芋ぐしが提供され、人気を呼んでいます。

簡単に家庭で作るときは、里芋を洗って皮をむき、一口大の大きさに切りそろえて、蒸し器で串が通るまで蒸し、その後、ざるに広げて冷まし、串に三～四個の芋を刺し、オーブンで両面を焼きます。みそ、砂糖、みりんを火にかけ練ったみそだれをつけ、もう一度軽く焼いて出来上がりです。

かんぴょう料理

栃木県のかんぴょう生産量は全国一位です。昔から、祝い事や行事の時には、かんぴょうを使った料理が作られてきました。

代表的なものに、砂糖、しょうゆで味付けしたかんぴょうを芯に巻いたのり巻き寿司やかんぴょうで結んだ稲荷ずし、また、五目ずしの具材やかんぴょうの卵とじなどがあります。

最近では、ゆでてサラダに入れたり、ごま酢和えやたまり漬けなど食べ方が工夫されてきています。しかし、忙しい今の時代、乾物を戻す下処理など手間暇がかかるため敬遠されがちですが、かんぴょうには、食物繊維が多く含まれており、栄養や健康面からも大いに利用していきたい食材です。

また、かんぴょうの淡泊な味は工夫によってどんな食材や料理にも相性がいいので、栃木県が誇る料理の素材としてこれからも次世代に伝えていきたいものです。

かんぴょうの上手な戻し方

かんぴょうは水洗いした後、よく塩もみし、更に水洗いしてたっぷりの熱湯に、好みの固さになるまでつける。また、柔らかく煮付ける料理ときは固めに茹でてから使うと良い。

コラム②

宮の伝統作物　エゾジマモチ

エゾジマモチは陸稲の一品種で、江曽島町の篤農家であった篠崎重五郎氏が育成した、地名の付いた品種です。明治三十年代から昭和二十年代にかけて、県内一円で栽培されました。病気に強く食味がよいこと、粘り気が少ないことなどの特徴があります。

しかし、その後新品種が次々に生まれ、加えて収益性の低い陸稲から、収益性の高い野菜、果樹等への転換や、畑地の水田化が進むにつれ、エゾジマモチはいつしか幻の陸稲となり、その存在すら忘れ去られました。

平成二十九年、宇都宮白楊高校の生徒・職員、地元農家らが栽培の復活に取り組み、秋には半世紀ぶりにエゾジマモチを収穫しました。この品種自体の収量性は、あまり高くはありませんが、味の特性として粘り気が少ないことから、子どもや高齢者が食べやすいという利点があります。

そこで今後、品種の特性を生かして、米菓や和菓子などの新たな商品開発に向け、その活用が期待されています。

なお、平成二十八年の本県の陸稲収穫量は五五四トンで、茨城県に次いで全国第二位です。

第七章 民家と石蔵

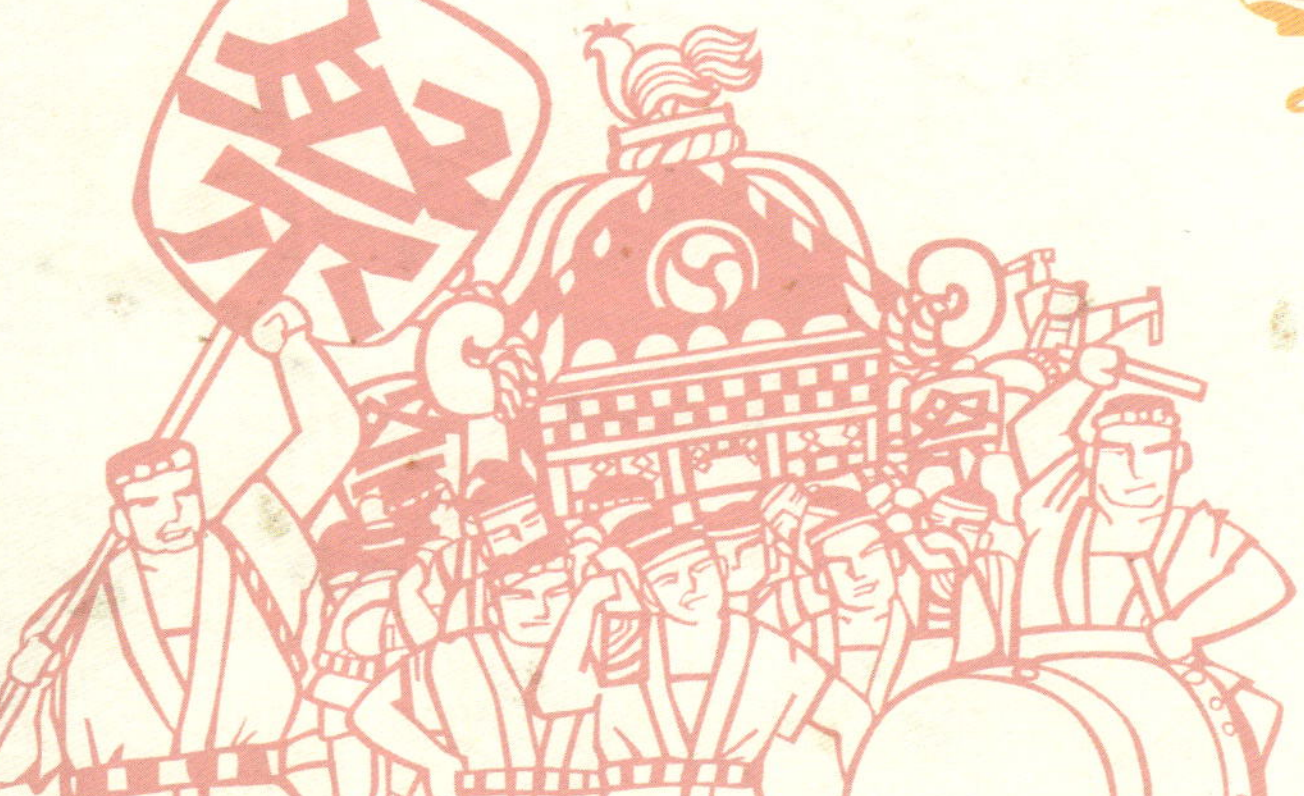

概論

庶民が住む家屋を一般的には民家といいます。鉄道や自動車交通以前、民家の建築には、近隣で取得できる材料を用いるのが一般的でした。

宇都宮市について見ると、多様な部材が使われています。農家の母屋にあっては木材が主要な部材として使われ、屋根材には茅や小麦わらが用いられるのが一般的です。町場の商家等では、骨組みは木材としながら外壁は土壁の土蔵造りで、屋根には瓦を用いる家が目立ちました。また、市内の大谷町をはじめとする地域には、通称大谷石と称する凝灰岩が産することから、大谷石造りの建物も数多く造られています。

農家の母屋では、国指定重要有形文化財の「岡本家住宅」が、今なお昔の姿で保存されています。家の造りは、栃木県内東部で見られる「食い違い棟造り」という独特の造りになっています。大谷町にある宇都宮市認定建造物の「渡辺家住宅」も台所等は改造されていますが、他は昔のままの造りとなっています。

土蔵造りは、家屋が密集する市街地、特に江戸時代に町人町であった地域に多くみられました。ただし宇都宮市の場合、戊辰戦争とアジア・太平洋戦争の二度の戦火にあい、現存するものはあまりありません。旧日光街道、現在の清住町通りには戊辰戦争後に建てられた土蔵造りの店蔵《みせぐら》が数軒現存し、貴重な存在となっています。現在の今泉一丁目にある国指定重要有形文化財の「篠原家住宅」の母屋には、明治二十八（一八九五）年に建造されたものであり、当時の豪商のたたずまいを今に伝えています。

大谷石等の石造建造物は、大谷を中心に宇都宮市内には数多く見られ、わが国では珍しい石造建造物が数多く見られる地域となっています。大谷石は防火性に富み、かつ加工が容易なところから江戸時代中期以降民家に盛んに用いられるようになり、中には屋根まで大谷石の瓦で葺いたものもあります。特に貴重品を保管する蔵や長屋門等に多く取り入れられました。徳次郎町の西根集落は、大谷石造りの民家が密集する所として知られています。

また民家では、栃木県指定有形文化財の「屏風岩石材石蔵」、および国登録有形文化財の「小野口家住宅」が知られています。

岡本家住宅（下岡本町）

下岡本町にある岡本家は、庄屋格組頭を務めた家柄で、享保年間（一七一六〜三五）には延寿救命丸など、漢方を主剤とする家伝薬の製造、販売も行っていました。この岡本家に残る主屋と長屋門は数少ない江戸時代中期の豪農建築の遺構として大変貴重とされ、昭和四十三（一九六八）年には国の重要文化財に指定されています。

その最大の特徴は、前後二つの棟を食い違いに配し、屋根は茅葺きにして棟を平行に並べ、その間は短い棟で繋ぐという、折れ曲がった形式をしていることにあります。しかもこうした形の民家は、全国的には栃木県東南部一帯にしか見られない特異なもので、江戸時代に支配者役人などを迎えるための対応の一つとして考え出された造りとされています。

岡本家住宅の場合、前面は玄関、広間、中の間、奥座敷、控えの間など、賓客対応に使われ、後部の下手に土間、台所、馬屋を取り土間には囲炉裏を切った板の間を配し、上手には大広間、納戸などの居間、寝室という、家人の日常生活部分から構成されています。

また敷地の前面に建つ重要文化財指定の長屋門は、県下の上層農家に多く見られる風格のある入母屋造、桟瓦葺《さんがわらぶき》の建物です。

平成二十三年の東日本大震災で主屋が少し傾いたので、その後改修がなされました。

旧篠原家住宅（今泉一丁目）

旧篠原家住宅は、宇都宮駅西口にある重要文化財に指定されている店蔵づくりの商家です。篠原家は、江戸時代の終わりごろの天明期に、宇都宮の宿郷村から分家し、宇都宮城下の北の出入り口である博労町（現在の今泉）に居を構えて、醤油醸造業や肥料の販売業を営んでいました。

明治二十八（一八九五）年に当時のお金で三万円をかけて、現在の主屋を建築しました。江戸時代から明治時代にかけては、防火のため店構えを土蔵造りにすることが流行り、篠原家も店舗を兼ねた二階建ての土蔵造りの住宅としました。一階の外壁には、厚さ約八センチの大谷石を釘で止めて、目地を漆喰のナマコとしました。大谷石の壁面が、大谷石の産地である宇都宮らしさを醸し出しています。旧篠原家住宅は住居部分も含めた土蔵造りという点に大きな特徴があります。そのため、一階は五二坪（約一七二平方メートル）、二階は四八坪（約一五八平方メートル）という非常に大きなものとなっています。

平成七年に主屋と土蔵三棟が宇都宮市の文化財指定を受けた後、建物が市に寄贈され公開が始まりました。住宅を活用して、正月飾りや三月・五月人形の展示が行われています。平成十二年に、国指定重要文化財に指定されています。

長屋門

宇都宮市など平野部の農家の屋敷構えの特徴として、母屋の背後に広大な屋敷林を持ち、前面には立派な造りの長屋門を構えるといったものがあります。長屋門は、長屋の中央に出入り口を設けたもので、本来武家屋敷で用いられたものです。宇都宮あたりで見られる長屋門は、出入り口の両脇が米蔵ないしは納屋となっている場合が多く、まれに隠居屋や奉公人部屋に利用されたものもあります。

長屋門や四脚門等の門構えが庶民の間に見られるようになったのは、江戸時代になってからであり、当初は名主や組頭等の村役のみに許されたものでした。それが明治になって身分間に見られたさまざまな規制がなくなると、門を構える農家が増え、特に長屋門を構える家が多くなりました。長屋門は規模が大きく見た目にも堂々としており、何よりも物置や蔵として利用できる実用性が高かったからと思われます。

長屋門の造りの多くは、木造で茅葺ないしは瓦葺きですが、中には大谷石造りの長屋門も見られます。中でも屋根まで大谷石瓦で葺いた長屋門は宇都宮辺りでしか見られない独特な長屋門です。近年は瓦葺きに取り換えられ残り少なくなっているのが残念です。

屏風岩石蔵（大谷町）

宇都宮市西部の大谷町を原産地とする凝灰岩は、「大谷石」の名で全国に知られています。現在でも大谷町には、多くの大谷石建造物が点在し、さながら「石の町」の様相を呈しています。その中にあって屏風岩石材の二棟の石蔵は、規模といいデザインといい歴史といい、まさに石の町・大谷を代表する建物となっています。

屏風岩石材の石蔵は、大谷町の中心部、大谷街道の北側にあります。大谷街道に面して一段高く冠《かぶ》木門《きもん》があり、その両側に西蔵（座敷蔵）と東蔵（穀蔵）が並び建っています。棟札の墨書によって、西蔵が明治四十一（一九〇八）年の竣工、東蔵が明治四十五（一九一二）年の上棟であることが確認できます。これら二棟は同じ規模の石蔵で、外観はともに軒や窓回り、壁面など、この種の建物では珍しく洋風のデザインでまとめられています。居住用の西蔵は、より本格的な洋風のデザインの曲線を窓や繊細な装飾に用い、倉庫用の東蔵は、四角い窓など硬く力強い表現で、それぞれ異なったデザインです。

設計は、当時の店主渡辺陳平が自ら手がけたと言われていますが、現在でも通用する優れたものです。渡辺陳平は、大谷石産業の発展に尽し、大谷の「石材王」とも称された人物です。

小野口家の石造建築（田野町）

小野口家は江戸時代から代々名主を務めた家柄で、母屋を囲むように建つ五棟の石蔵と長屋門からなる大谷石建造物が一際目を引きます。建物に大谷石が多用されているのは、採石場に近接しているためで、大谷石の他、田下石（多気山麓で採掘）や板橋石（日光市板橋で採掘）も使用されています。

　母屋の北東後方に建つ裏の蔵は、文政八（一八二五）年の建築で最も古く、戸口にかつての主屋車寄《くるまよせ》の唐破風《からはふ》庇《ひさし》が移設されています。また江戸末期の前の蔵、明治五（一八七二）年建築の酒蔵、同九（一八七六）年建築の長屋門を含めた四棟は、外壁を石貼りとし、当初は大谷石の石屋根でした。これに対して明治後期の建築と推定される堆肥舎《たいひしゃ》と、葉煙草を乾燥した大正中期の旧乾燥小屋の二棟は、ともに積石造りで瓦屋根となっています。これは石材の運搬手段の変化にともない、建物の石積み様式も変化したことを表しています。

　このように小野口家住宅は、地元産出の大谷石を多用するとともに、江戸時代後期から明治時代にかけて建てられた数少ない豪農建築の遺構として貴重とされ、平成十一年に六棟すべてが国登録有形文化財に登録されました。また二〇〇メートルにも及ぶ大谷石の石塀が、平成十八年に追加登録されています。

西根の石造建築群（徳次郎町）

徳次郎町西根地区は、戸数二二戸の小さな集落ですが、大谷石等凝灰岩の建造物が六二棟もある石造りの集落です。石造建築は江戸後期より造られるようになりますが、明治の初期に大きな火災に見舞われたのを機に石造建築が増えたといわれています。中には蔵や納屋だけでなく母屋も石造りで、しかも屋根まで石瓦という家もあり、そうした建物が並ぶ姿は、西根ならではの光景です。

江戸後期から明治初期の石造建築は、近くの男抱山《おただきやま》付近から掘り出した徳次郎石が使われています。工法も木造の蔵の表面に幅一尺（約三〇センチ）、長さ三尺（九〇センチ）、厚さ二寸五分（七・五センチ）の石板を貼った貼石構造の建物です。これが明治中頃より石の輸送の発展に伴い、幅一尺、長さ三尺、厚さ五寸（一五センチ）ないしはそれ以上の厚さの石が採掘されるようになると積み石工法に変わり、また、大量に採掘される大谷石が使われるようになります。このように西根は、小さな集落ながら石造建築の歴史的な変遷が見られます。

西根にはかつて石を細工する石工の家が数軒ありました。蔵の窓廻りには恵比寿・大黒天像等の精巧な彫刻細工を施したものがあり、技を競った石工たちの心意気を窺い知ることが出来ます。

主要参考資料

宇都宮市教育委員会『宇都宮の祭りと芸能』昭和59年
宇都宮伝統文化連絡協議会『ふるさと宇都宮伝統文化ハンドブック』平成21年
柏村祐司『栃木の祭り』随想舎　平成24年
柏村祐司・半田久江『ふる里の和食』随想舎　平成27年
下野民話の会『うつのみやの伝説』随想舎　平成27年
栃木の民話語りかまどの会『うつのみやの民話』随想舎　平成23年
栃木の民話語りかまどの会『うつのみやの民話（第2集）』随想舎　平成28年
宇都宮市『広報うつのみや』平成21〜26年

宇都宮伝統文化連絡協議会会員一覧（平成三十年二月現在）

◇実働会員（団体）

宗円獅子舞保存会（代表村上實）・天下一関白神獅子舞保存会（代表村上實）・
天下一関白流西組獅子舞保存会（代表田口利男）・逆面獅子舞愛好会（代表木村健）・
関堀獅子舞保存会（代表大塚要輔）・飯山獅子舞保存会（代表福田定夫）・
上横倉獅子舞保存会（代表小曽戸和彦）・八坂神社の神楽保存会（代表葭田孝）・
石那田八坂神社天王祭保存会（代表髙橋章夫）・徳次郎町屋台保存会（代表床井康一）・
瓦谷の神楽保存会（代表金田操）・宇都宮鳶木遣り保存会（代表古川芳男）・
小松東雲流今泉駅東子どもお囃子連（代表小花和夫）・中徳次郎屋台囃子会（代表野呂通治）・
野州てんまり宇都宮てまり舎（代表石原照代）・宇都宮ケーブルテレビ（大久保登志正）・

宇都宮旧小門町吉兵衛流五段囃子保存会（代表五月女茂司）・新清流東谷囃子会（代表池田久雄）・
天王原彫刻屋台保存会（代表嶋田順一）・西下ヶ橋山車保存会（代表石川信夫）・
東下ヶ橋天棚保存会（代表郷間隆夫）・和久天棚保存会（代表岡本一郎）・
古田彫刻天棚保存会（代表磯川幸男）・蓬萊町の彫刻屋台保存会（代表齋藤正一）・
白澤囃子会（代表元川正彦）・栃木の民話がたり「かまどの会」（代表金子隆郎）・
下野民話の会（代表平野洋子）・野州かたりの会（代表谷元正範）・民話語りべ絆の会（代表倉松博子）・
ぞうりアミ（代表池田和江）・大谷石産業（株）大谷石体験館（代表高倉公志）

◇実働会員（個人）

〔伝統工芸〕小川昌信・小荷田尋子・栗田英典・福井規悦・小野﨑博一・田巻秀樹・金沢清人・渡辺恵美子

〔伝統食〕吉野ひろみ・半田久江・和氣博之・新井英夫・塩井イネ・林喜美子・横倉初江・入江つや子・
黒﨑朋子・稲田まさ子・舘野順子

〔民俗芸能〕山﨑一郎・入江勝男・小島俊一・野口理明

〔民話〕笠野良子

〔民俗学〕柏村祐司・篠﨑茂雄・小川聖・池田貞夫・小松俊雄・川村泰一・手塚絹子・赤石澤亮・
湯本実成・藤本由利子・外鯨泰子

〔一般〕江川尚美・有岡光枝・渡辺節子

◇賛助会員

〔法人〕（有）随想舎・（株）下野新聞・栃木ミサワホーム（株）・（株）井上総合印刷

〔個人〕渡辺久子・伊澤宏明・柏村政・五月女裕久彦・櫻井ひさ子・藤原宏史・福田三男・水越久夫・
篠崎スミ・櫻井啓一

◎**編集委員**

柏村　祐司（宇都宮伝統文化連絡協議会顧問）

池田　貞夫（同会会長）

小川　　聖（同会副会長）

櫻井基一郎（同会副会長）

鈴木まち代（同会事務局）

◎**執筆者（順不同）**

柏村祐司　池田貞夫　小川聖　櫻井基一郎　葭田孝　大嶋光義　髙橋章夫
石川信夫　川村泰一　小松俊雄　郷間隆夫　金田操　村上實　田口利男
山口要作　大塚要輔　小曽戸和彦　福田定夫　古川芳男　山﨑一郎　小野﨑博一
金子隆郎　平野洋子　有岡光枝　谷元正範　倉松博子　丸山ミヨ子　篠崎茂雄
吉野ひろみ　半田久江

◎**協力者（順不同・敬称略）**

宇都宮市教育委員会　宇都宮二荒山神社　若松豊明　多田民男　永井光二
菊池芳夫　佐藤春夫　小林章泰　尾嶋章市　篠原夕起子　平井清司　亀和田一夫
諸岡秀子　君島直人　星野治彦

うつのみやの伝統文化

発行日　2018年2月1日

宇都宮伝統文化連絡協議会［編・著］

発　行　有限会社 随想舎
〒320-0033 栃木県宇都宮市本町 10-3 TS ビル
TEL 028-616-6605　FAX 028-616-6607
振替　00360-0-36984
URL http://www.zuisousha.co.jp/　E-Mail info@zuisousha.co.jp

印　刷　晃南印刷 株式会社

装　丁　栄舞工房

2018 Printed in Japan　ISBN978-4-88748-354-5